Walter Dürig, Herausgeber

Oberstdivisionär Hans Bandi

Walter Dürig, Herausgeber

Oberstdivisionär Hans Bandi

Wegbereiter der Schweizer Luftwaffe

BOOKS on DEMAND

Impressum
© Walter Dürig 2014
Autoren: Walter Dürig, Hans-Georg Bandi, Willi Gautschi
Textbearbeitung und Layout: Walter Dürig
Lektorat: Elsbeth Dürig-Rubin
Bilder: aus dem Archiv der Familie Bandi
Umschlagbild:
General Henri Guisan und Oberstdivisionär Hans Bandi, 1942
Hintergrundinformationen: Website http://www.hansbandi.ch
Herstellung und Verlag: BoD – Books on Demand, Norderstedt
http://www.bod.ch/
ISBN 978-3-7357-7442-2

Inhalt

Vorwort des Herausgebers

Im Jahr 2014 jährt sich die Gründung der schweizerischen Fliegertruppe zum hundertsten Mal. Dieses Ereignis bildet den Anlass zu Publikationen und Gedenkveranstaltungen. Die Entwicklung von den Anfängen zur heutigen Luftwaffe ist in zahlreichen Dokumenten umfassend beschrieben.

Die vorliegende Schrift befasst sich mit einem besonders spannenden Abschnitt dieser hundertjährigen Geschichte. Der schweizerische Bundesrat entschied sich im Rahmen von Vollmachtsbeschlüssen am Ende des Jahres 1936 für die Schaffung der Flieger- und Fliegerabwehrtruppen. Er wählte Hans Bandi zum Kommandanten und Waffenchef im Rang eines Oberstdivisionärs und beauftragte ihn mit dem Aufbau dieser neuen Truppe in einer Zeit zunehmender internationaler Spannungen.

Das war keine leichte Aufgabe. Die Fliegertruppe verfügte über keine operativen Zielsetzungen und war schlecht gerüstet. Die Fliegerabwehrtruppe musste aus dem Nichts erschaffen werden. Die Technologie der Luftkriegsmittel steckte in den Kinderschuhen.

Schon drei Jahre später, im Mai und Juni des Jahres 1940, trat ein Ernstfall ein, wie er vor und nachher in dieser Intensität nicht mehr vorkam. Die Flieger- und Fliegerabwehrtruppen erhielten bald nach Ausbruch des Zweiten Weltkriegs den Auftrag, den Neutralitätsverletzungen durch Flugzeuge der deutschen Luftwaffe mit Waffengewalt entgegenzutreten. Die entsprechenden Einsätze erhielten damals viel Lob und Anerkennung.

Am Ende des Jahres 1943 erfolgte ein unfreiwilliger Wechsel an der Spitze der Flieger- und Fliegerabwehrtruppen. Oberstdivisionär Hans Bandi wurde gezwungenermassen durch Oberstdivisionär Friedrich Rihner abgelöst. Dieses Ereignis hatte ein Nachspiel und gab Anlass zu Publikationen und Emotionen.

Auch 70 Jahre danach ist die Ergründung der historischen Wahrheit im Betrachtungszeitraum nicht ganz einfach. Viele Quellen sind widersprüchlich, die Aussagen der Zeitzeugen teilweise irreführend. Um ein Bild der Ereignisse und des Geschehens zu vermitteln, kommen in dieser Schrift drei Aspekte zur Darstellung.

Als siebter Nachfolger von Hans Bandi im Kommando der Flieger- und Fliegerabwehrtruppen habe ich versucht, eine Beschreibung und Beurteilung der Geschichte dieser Truppe von den Anfängen bis 1943 zu verfassen. Danach folgt die Würdigung von Hans Bandi durch seinen Sohn Hans-Georg Bandi. Abschliessend ist die Betrachtung des dramatischen «Streitfalls Bandi» durch den Historiker Willi Gautschi wiedergegeben.

Der Lebenslauf von Hans Bandi am Anfang der Schrift und die drei Beiträge enthalten Wiederholungen, die ich mit Absicht stehen gelassen habe. Menschliche Schwächen und Abgründe kann man auf verschiedene Arten beschreiben.

Wenn bei den Leserinnen und Lesern das Interesse für die Geschehnisse rund um die Flieger- und Fliegerabwehrtruppen seit ihrer Entstehung sowie für das Schicksal ihres ersten Kommandanten während des Zweiten Weltkriegs geweckt wird, hat die Schrift ihren Zweck erfüllt.

Im Juli 2014   Walter Dürig

Lebenslauf von Oberstdivisionär Jakob Hans Bandi
19. Juli 1882 bis 6. Juli 1955

Jakob Hans Bandi von Oberwil bei Büren an der Aare, wo der Name Bandi – vermutlich aus Italien stammend – erstmals 1595 nachweisbar ist, wurde am 19. Juli 1882 in Bern geboren. Dort betrieben seine Eltern an der Spitalgasse eine stadtbekannte Konditorei. Schon als Vierjähriger wurde er infolge des frühen Todes seines Vaters Halbwaise und wuchs mit mehreren Geschwistern bei seiner Mutter auf, welche das Geschäft weiterführte. Nach der Primarschule trat er als Mechanikerlehrling bei der im Fernmeldebereich tätigen Firma Hasler AG (heute ASCOM) ein, wo er praktische Berufserfahrungen machen konnte. Anschliessend bestand er in Zürich die Eidgenössische Matur und studierte in der Folge in Deutschland an der Technischen Hochschule Fridericiana in Karlsruhe, wo er 1907 im Alter von 25 Jahren zum Elektroingenieur promovierte. In den Jahren 1905 bis1907 war er als Mitarbeiter von Industrieunternehmungen in Antwerpen und Nancy tätig.

Den Beginn seiner Militärdienstpflicht in der Schweiz, die Rekrutenschule, absolvierte er bei der Feldartillerie. Nach den üblichen Beförderungsdiensten wurde er 1903 zum Leutnant brevetiert. In der Folge entschloss er sich für die Instruktorenlaufbahn als Berufsoffizier der Artillerie. Als solcher war er von 1908 bis 1923 auf dem Waffenplatz Thun eingesetzt. Dass er sich bewährte, zeigt der Umstand seiner Abkommandierung zur Weiterausbildung kurz vor Ausbruch des Ersten Weltkriegs in das kurhessische Feldartillerieregiment 11 in Fritzlar. Anlässlich dieses Deutschlandaufenthaltes lernte er seine zukünftige Frau, Vally Thomas, kennen, mit der er sich 1914 verehelichte. Wegen seiner darin begründeten positiven Einstellung zu unserem nördlichen Nachbarland wurde er später, wie andere hohe Schweizeroffiziere, der Nazisympathie verdächtigt, was aber Felix Müller in seinem ausgezeichnet recherchierten Artikel «Der Einfluss von ‹Maulwürfen› in Guisans Stab»[1] eindeutige als Rufmord bezeichnet.

---

[1] Weltwoche Nr. 37 vom 11. September 1986

Im Jahre 1924 kam es im Lebenslauf des seit 1915 dem Generalstab angehörenden Hans Bandi zu einem entscheidenden Wendepunkt. Er wurde damals nach Bern in die Generalstabsabteilung als Chef der Sektion für materielle und technische Angelegenheiten versetzt. Von 1925 bis 1926 war er Kommandant eines Artillerieregiments, von 1931 bis 1932 als Oberst Kommandant einer Artilleriebrigade und 1936 Stabschef des 2. Armeekorps. Als Sektionschef der Generalstabsabteilung bekam er den Auftrag, eine Analyse über die Situation der Schweiz im Vergleich zum Ausland hinsichtlich des aktiven Luftschutzes mit Kampffliegern und terrestrischer Fliegerabwehr bei Luftangriffen auszuarbeiten. Zusätzlich war auch der passive Luftschutz mit Alarmsystemen, Schutzräumen und anderen Anforderungen zu berücksichtigen. Hans Bandi hat diese Analyse sehr sorgfältig und gründlich durchgeführt. Von Walter Dürig, Korpskommandant und gewesener Kommandant der Flieger- und Fliegerabwehrtruppen (heute Luftwaffe), wird das 1935 vorgelegte, 47 Seiten umfassende «Memorial Luftschutz» geschichtlich als Schlüsseldokument bezeichnet und wie folgt kommentiert: «Bis 1936 war die Fliegertruppe der Generalstabsabteilung unterstellt und führte ein Schattendasein ohne klare Aufträge. Entsprechend war auch die materielle Ausrüstung nicht wirklich kriegstauglich. Die Fliegerabwehr existierte praktisch überhaupt noch nicht und war Gegenstand fruchtloser Diskussionen über den Stellenwert und die Unterstellung.» Sehr bald veranlasste das Memorial Luftschutz im Oktober 1936 die Schaffung der Abteilung für Flugwesen und Fliegerabwehr und die Aufstellung eines Stabes der Flieger- und Fliegerabwehrtruppen. Hans Bandi wurde aufgrund seiner sachlichen Kritik am bisherigen Zustand und seinen durchdachten Hinweisen auf Verbesserungsmöglichkeiten zum Oberstdivisionär und Waffenchef sowie wenig später auch zum Kommandanten der Flieger- und Fliegerabwehrtruppen ernannt. Zusammen mit seinem Stabschef Major im Generalstab Rudolf Meyer machte er sich unverzüglich intensiv an die Arbeit. Bei der Fliegertruppe gelang es, mit Unterstützung von Bundesrat Rudolf Minger bereits 1938, den veralteten Flugzeugpark durch den Ankauf von 90 damals hochmodernen deutschen Messerschmitt-Jagdflug-zeugen Me-109 E-3 aufzurüsten.

Deshalb konnte im Sommer 1940 durch den Abschuss von mindestens elf den Schweizer Luftraum verletzenden deutschen Bombern Hitlers Wehrmacht klar gemacht werden, mit welchen Verlusten sie bei einem Angriff auf die verteidigungsbereite Schweiz zu rechnen hatte. Von Oberstdivisionär Ernst Wetter wurden diese Luftkämpfe, bei denen sich die Schweizer Piloten hervorragend bewährten, in seinem Buch «Duell der Flieger und der Diplomaten» (1987) beschrieben.

Ebenso aufwendig war der Aufbau der praktisch noch inexistenten terrestrischen Fliegerabwehr. Einerseits musste durch Nachrekrutierungen und Umteilungen wenigstens ein minimaler Mannschafts- und Kaderbestand angestrebt werden. Andererseits bereitete die Beschaffung kriegstauglicher Fliegerabwehrgeschütze grosse Schwierigkeiten. Kaum zu glauben ist das folgende Zitat aus einem Schreiben von Oberst Robert Fierz (1883–1940), Chef der kriegstechnischen Abteilung, vom 9. November 1937 an Bundesrat Rudolf Minger:

«Die Forderung des Oberstdivisionär Bandi auf rasche Aufrüstung auf dem Gebiet der Kriegsflugzeuge und der Flabkanonen ist völlig unnötig, denn wir sind absolut davon überzeugt, dass wir heute einem europäischen Krieg ferner als noch vor wenigen Jahren stehen, sodass es also keinen Zweck hat, aus diesem Grunde kostspielige Anschaffungen in der Privatwirtschaft oder im Ausland zu machen, die den effektiven Kriegsanforderungen nicht Genüge leisten und man dann wegen Kreditmangels nicht in der Lage ist, zweckmässiges Material zu beschaffen.»

Bei Rudolf Minger hatte Robert Fierz mit dieser verfehlten Propaganda für die eidgenössischen Konstruktionswerkstätten keinen Erfolg. Hans Bandi ging nun auch in Bezug auf die Fliegerabwehrkanonen in die Offensive. Er liess bei der Firma Bührle in Oerlikon zum Versand ins Ausland bereitstehende Fliegerabwehrgeschütze kurzerhand für die Schweizer Armee requirieren. Während eine ab 1. Januar 1938 gültige Truppenordnung die Organisation der nun direkt dem Armeekommando unterstellten Fliegertruppe regelte, bestand zu diesem Zeitpunkt noch keine Gliederung der Fliegerabwehrtruppe (Ernst Wyler, Chronik der Schweizer Militäraviatik, 1990).

In der sehr kurzen Zeit seit des 1936 erteilten Auftrags an Hans Bandi zur Reorganisation der Fliegertruppe nach den Erkenntnissen des Memorial Luftschutz bis zum Ausbruch des Zweiten Weltkriegs im September 1939 war bezüglich der Einsatzbereitschaft der Flieger- und Fliegerabwehrtruppen schon erstaunlich viel erreicht worden.

Diese Porträtfotografie schenkte General Henri Guisan seinem Mitarbeiter Hans Bandi am 1. April 1940 mit einer handschriftlichen Widmung: «A mon collaborateur, le Colonel div. Bandi en amical souvenir. – General Guisan. Q.G.A. 31.3.40».

Der am 30. August 1939 zum General und Oberkommandierenden der Schweizer Armee ernannte Henri Guisan und der ihm nun unterstellte Oberstdivisionär Hans Bandi hatten zuvor nicht viel miteinander zu tun gehabt. Ihre Kontakte waren anfänglich gut. Das zeigt zum Beispiel die auf der vorstehenden Seite dargestellte Porträtfotografie.

Die Beziehung der beiden schien sich zunächst nicht wesentlich verändert zu haben. Jedenfalls beantragte der General auf Vorschlag von Generalstabchef Jakob Huber noch Ende 1941, Hans Bandi aufgrund seiner Leistungen zum Oberstkorpskommandanten zu befördern. Die Mehrzahl der damaligen Korpskommandanten lehnte dies mit der Begründung ab, die Stellung eines Waffenchefs und Kommandanten der Flieger- und Fliegerabwehrtruppen mache eine Beförderung nicht unbedingt nötig. Oberstkorpskommandant Fritz Prisi stellte in der Folge ausdrücklich fest, der negative Entscheid beruhe keinesfalls auf Zweifeln an Hans Bandis Fähigkeiten. Die Kommandanten der Bodentruppen hatten – vielleicht aufgrund der im Memorial Luftschutz festgestellten Vernachlässigung der Fliegertruppe – noch nicht realisiert, was die rasante internationale Entwicklung dieser Waffe für die Kriegsführung bedeutete. Dies trotz der erfolgreichen Luftkämpfe der Schweizer Piloten im Sommer 1940. Im Jahre 1942 veränderte sich die Situation aber. Henri Guisan begann unvermittelt, die Kommandoführung von Hans Bandi zu kritisieren. Dieser hat angesichts der Gefahr eines Angriffs Hitlerdeutschlands die Reorganisationsarbeiten mit hoher Dringlichkeit und teilweise in Alleingängen vorangetrieben und den Kontakt mit dem General etwas vernachlässigt. Vielleicht verärgerte er damit den ursprünglichen Kavalleristen und, nach Aussage von Generalstabschef Huber, etwas eitlen General Henri Guisan.

Der Hauptgrund für das sich abzeichnende Zerwürfnis war jedoch ein anderer. Der ohne Flugbrevet von der Artillerie herkommende Hans Bandi war etlichen Piloten als Kommandant nicht genehm. Für die Bewältigung des verspäteten Aufbaus der Fliegerabwehr war kein Pilotenbrevet notwendig. Diese Tatsache wurde geflissentlich ignoriert. Möglicherweise bestanden auch über die Veröffentlichung der negativen Aspekte bezüglich der Flieger im Memorial Luftschutz Vorbehalte gegenüber Hans Bandi. Zu den Opponenten gehörten unter anderen die Instruktionsoffiziere Oberst Friedrich Rihner, Kommandant eines Fliegerregiments, der sich offenbar selbst für den einzig möglichen Kommandanten der Flieger- und Fliegerabwehrtruppen hielt und Major Etienne Primault, der ausgesprochen karriereorientiert war. Da letzterer alters- und gradmässig für die direkte Nachfolge von Hans Bandi noch zu jung war, förderte er die Ernennung von Friedrich Rihner, wohl mit dem berechnenden Hintergedanken, diesen zu gegebener Zeit als Kommandant der Flieger- und Fliegerabwehrtruppen ablösen zu können. Er wusste natürlich, dass sich Friedrich Rihner in der Zeit vor der Ernennung von Hans Bandi nicht um die Modernisierung des Flugzeugbestandes bemüht hatte und nicht als besonders initiativer Kommandant betrachtet wurde. Etienne Primault nützte auch seine Verbindung mit dem, wie er selbst, welschen Oberstleutnant Bernard Barbey, Chef des umstrittenen und nirgends vorgesehenen persönlichen Stabes von Henri Guisan aus, um den General im Sinne der opponierenden Piloten zu beeinflussen. Diese Intrige war erfolgreich. General Henri Guisan veranlasste den Rücktritt von Hans Bandi auf Ende 1943. Dieser erfolgte mitten in dessen erfolgreichen Reorganisationsarbeiten. Beamtenrechtlich war Hans Bandi bis Ende 1944 gewählt und wurde deshalb für ein Jahr «beurlaubt». Er war zusehends verbittert, ahnte aber nicht, was ihm noch bevorstand.

Nach dem Ende des Zweiten Weltkriegs legte Henri Guisan seinen 273 Seiten umfassenden «Bericht an die Bundesversammlung über den Aktivdienst 1939 – 1945» vor, der auch öffentlich zugänglich war. Auf 19 Seiten befasste er sich, etwa zur Hälfte in kritischer Form, mit den Verhältnissen bei den Flieger- und Fliegerabwehrtruppen.

Der Bericht hatte zwei Beilagen. Einerseits den «Bericht des Chefs des Generalstabes der Armee über den Aktivdienst 1939 – 1945». Andererseits einen zusätzlichen Band mit Berichten des Kommandanten der Flieger- und Fliegerabwehrtruppen und andern Instanzen der Armee. Dabei fällt auf, dass von den fünf damals bestehenden Truppengattungen nur die

Flieger- und Fliegerabwehrtruppen überraschend ausführlich auf 213 Seiten zu Worte kamen. Der Grund dafür besteht darin, dass Henri Guisan von Hans Bandis Nachfolger Friedrich Rihner einen Bericht über die bei Antritt des Kommandos im Jahr 1943 festgestellten Mängel anforderte. Rihner, welcher den offenbar mehrheitlich von seinem Stabschef, dem inzwischen zum Major aufgerückten Etienne Primault, verfassen liess, lieferte ihn als «persönlich und geheim» ab. Dies hinderte Henri Guisan nicht daran, den Bericht zu veröffentlichen, vielleicht nach dem Prinzip «Angriff ist die beste Verteidigung». Die Vermutung liegt nahe, dass er bei der Ausarbeitung seines eigenen Berichts zu ahnen begann, dass er mit dem Rauswurf von Hans Bandi zu weit gegangen war und dass die Opponenten Etienne Primault und Bernard Barbey ihn getäuscht hatten. In der Tat blieb eine sehr harte Kritik nicht aus. Praktisch alle aktiven Oberstkorpskommandanten sowie andere Offiziere, auch welsche und zur Disposition gestellte oder pensionierte, empörten sich darüber, dass der General dem Nachfolger von Hans Bandi nicht nur befohlen habe, einen Katalog der bei Antritt des Kommandos festgestellten Mängel zu verfassen. Die Publikation des Berichts gegen den Willen des Autors sorgte für Empörung. Am deutlichsten äusserte sich Oberstkorpskommandant Fritz Prisi, der das Vorgehen von Henri Guisan als «eine bis anhin nie da gewesene Ungeheuerlichkeit» bezeichnete, die einer «posthumen öffentlichen Hinrichtung» gleichkomme. Auch später gab es noch Reaktionen hoher Offiziere, so zum Beispiel von Korpskommandant Kurt Bolliger anlässlich eines Vortrags im Jahr 1982 zum Thema «Der Neutralitätsschutz im schweizerischen Luftraum von 1914 bis 1982».

Die Öffentlichkeit nahm vom Streitfall Guisan-Bandi kaum Kenntnis. General Henri Guisan hat bis heute den Nimbus des Landesvaters behalten. Er vereinte die alemannische und die romanische Schweiz in der – selbst Waffengewalt nicht scheuenden – Abwehrbereitschaft gegen einen militärischen Angriff der Achsenmächte. An der Situation änderte die persönliche Reaktion von Hans Bandi mit der «Eingabe zum Bericht von General Henri Guisan und zum Bericht des Kommandanten der Flieger- und Fliegerabwehrtruppen», den er 1947 auch an alle Parlamentsmitglieder zustellte, nichts.

Die Würfel waren gefallen. Immerhin wurde Hans Bandi im «Bericht des Bundesrates an die Bundesversammlung zum Bericht des Generals über den Aktivdienst 1939–1945» (1947) eine gewisse Genugtuung zuteil, die in der abschliessenden und im Gegensatz zum General stehenden Feststellung eindeutig zum Ausdruck kommt: «Oberstdivisionär Bandi hat unter sehr erschwerenden Umständen vor dem Krieg und in den Kriegsjahren bis zu seiner Entlassung harte Arbeit nach bestem Können geleistet.»

Ausserdem wurde Henri Guisan an Sitzungen der für die Angelegenheit zuständigen ständе- und nationalrätlichen Kommissionen mit für ihn nicht angenehmen Voten und Fragen konfrontiert. Über weitere Einzelheiten gibt das im vorliegenden Buch publizierte Kapitel 38 «Der Streitfall Bandi» in der Guisan-Biographie von Willi Gautschi (1989) Auskunft.

Nicht bekannt war Willi Gautschi das folgende rätselhafte Ereignis. Der in seiner Soldatenehre zutiefst verletzte Oberstdivisionär Hans Bandi starb am 6. Juli 1955 kurz vor seinem 73. Geburtstag. An der Trauerfeier in der Berner Heiliggeistkirche nahm Bundesrat Paul Chaudet, Vorsteher des Eidgenössischen Militärdepartements, teil.

Zur grossen Überraschung der Familie von Hans Bandi und anderer Teilnehmer traf völlig unerwartet als einer der Letzten General Henri Guisan in Zivil in der Kirche ein. Als am Schluss der Feier der Sarg aus der Kirche getragen wurde, gehörte er zur kleinen Gruppe von Personen, welche dem Verstorbenen das Ehrengeleit gaben.

Wie soll man sich die unerwartete Anwesenheit von Henri Guisan erklären? Eine sichere Antwort auf diese Frage lässt sich schwer finden. Möglicherweise hatte er in der Zwischenzeit seinen Irrtum erkannt und die von Etienne Primault und Bernard Barbey geschürte Pilotenintrige durchschaut. Vielleicht überlegte er sich auch, was er Hans Bandi und seinem Umfeld, insbesondere seiner Familie, angetan hatte.

Die Flieger- und Fliegerabwehrtruppen von den Anfängen bis 1943

Von Walter Dürig

Inhaltsverzeichnis

Prolog

Die Zeit der Schaffung der Flieger- und Fliegerabwehrtruppen im Jahr 1936 und das Schicksal des ersten Kommandanten und Waffenchefs, Oberstdivisionär Hans Bandi[1], haben mich als sein siebter Nachfolger schon seit einiger Zeit beschäftigt. Die Quellenlage ist sehr umfangreich. Alle Einzelheiten sind irgendwo beschrieben. Mit dem vorliegenden Beitrag habe ich versucht, das Geschehen der damaligen Zeit aufgrund meiner eigenen Erfahrungen zu deuten und die Vorgänge für interessierte Leserinnen und Leser verständlich darzustellen.

Im Zentrum der vorliegenden Beschreibung der Vorgänge von den Anfängen bis zum Jahr 1943 liegt die eigentliche Gründung der Flieger- und Fliegerabwehrtruppen. Sie basiert auf

---

[1] Hans Bandi (*1882 †1955), Kommandant und Waffenchef der Flieger- und Fliegerabwehrtruppen von 1936 bis 1943.

12

dem Bundesratsentscheid vom 13. Oktober 1936. An dieser Bundesratssitzung wurde die Abteilung für Flugwesen und Fliegerabwehr geschaffen. Gleichzeitig erfolgte die Wahl von Hans Bandi zum ersten Waffenchef der Flieger- und Fliegerabwehrtruppen. Am 31. November 1936 wählte ihn der Bundesrat auch zum Kommandanten der Flieger- und Fliegerabwehrtruppen mit Beförderung zum Oberstdivisionär.

Die Grundlage für diese Entscheide der Landesregierung bildete das Dokument Memorial Luftschutz, welches vom damaligen Generalstabschef Heinrich Roost am 31. Dezember 1935 seinem Vorgesetzten, Bundesrat Rudolf Minger, überreicht wurde.

Die vorher chaotischen Verhältnisse in den Fragen der Luftkriegsführung erhielten durch die Vorschläge in diesem Dokument eine Kanalisierung in geordnete Bahnen. Die im Memorial festgelegte Systematik ist bis zum heutigen Tag gültig.

- Das Ziel des passiven Luftschutzes ist der Schutz der Bevölkerung des Landes vor den Auswirkungen der Luftkriegsführung. Die Eidgenossenschaft hat in diesem Bereich eine koordinierende Aufgabe. Die Armee muss bei Bedarf unterstützend eingreifen.
- Der aktive Teil der Luftkriegsführung ist Sache der Armee unter einem zentralen Kommando. Er umfasst die Bereiche der luftgestützten und der bodengestützten Komponenten sowie den Bereich der notwendigen Luftnachrichtenbeschaffung und der Kommunikation.
- Die drei Aufgaben der luftgestützten Kriegsführung sind die Luftverteidigung mit dem Luftpolizeidienst, die Unterstützung der Erdtruppen mit Feuer sowie die Luftaufklärung.

Die Anträge des Memorials wurden durch die politischen Instanzen praktisch unverändert übernommen. Der Verfasser war Hans Bandi. Seine Ernennung zum Verantwortlichen für die Umsetzung der Theorie in die Praxis war ein logischer Schritt. Seine Aufgabe erwies sich aber in einem teilweise widrigen Umfeld als sehr schwierig.

Nur drei Jahre nach dem Startpunkt der neu zu schaffenden Truppe hatte der Ausbruch des Zweiten Weltkriegs die Mobilmachung der Flieger- und Fliegerabwehrtruppen zur Folge. Dank Hans Bandi verfügte diese Truppe über einige taugliche Mittel für die Wahrung der Neutralität im Luftraum. Er war der erste Truppenkommandant der Schweizer Armee, welcher den Willen zum Neutralitätsschutz mit Waffengewalt real zu beweisen hatte. Diese Bewährungsprobe wurde im Jahr 1940 mit beschränkten Mitteln in beeindruckender Weise bewältigt.

Im vorliegenden Bericht wird auf die beschämende Intrige gegen Hans Bandi eingetreten, die zu seinem vorzeitigen Rücktritt auf Ende des Jahres 1943 führte.

Vorgeschichte

Die Entstehung der Fliegerabteilung

Um 1900: Ballontruppe

Obwohl die Vorteile einer Beobachtung aus der Luft zu militärischen Zwecken offensichtlich waren und im Ausland bereits seit einigen Jahren praktiziert wurden, lehnte das Parlament 1893 einen ersten Antrag auf Bildung einer Luftschifferkompanie ab. Erst im Jahr 1897 verabschiedete die Bundesversammlung in der Wintersession einen entsprechenden Gesetzesentwurf. 1900 rückte die erste Ballonrekrutenschule auf der Berner Allmend ein. Die Ballonpioniere ermöglichten später den Aufbau der schweizerischen Fliegertruppe.

Dezember 1903: erster Motorflug

Die Flüge der Brüder Wilbur und Orville Wright mit einem von einem Kolbenmotor angetriebenen Flugzeug vom 17. Dezember 1903 bei Kitty Hawk, North Carolina/USA gelten als Beginn des Motorflugs «schwerer als Luft». Kolben- oder Ottomotoren wurden seit Ende der 1880er-Jahre hergestellt.

Oktober 190: Ballonrennen in Schlieren

Vom 1. bis 3. Oktober 1909 wurde beim Gaswerk Schlieren das 4. Gordon-Bennett-Rennen durchgeführt. Als besondere

Attraktion nahm das Luftschiff Parseval IV des kaiserlichen deutschen Aeroclubs an diesem Anlass teil. Als das Luftschiff sich über der Stadt Zürich zeigte, löste dies eine enorme Begeisterung der Bevölkerung für die Luftschifffahrt aus. Die Zuschauerzahl wurde mit 200 000 angegeben. Major August von Parseval und Oberingenieur Kiefer unternahmen am 3. Oktober einen ersten Aufstieg. Als Passagier begleitete sie auf dieser ersten Fahrt über Schweizer Boden der Chef des schweizerischen Generalstabs, Theophil Sprecher[2]. Nach glatter Landung auf einer Wiese neben dem Festplatz wurden bei sehr schlechten Wetterverhältnissen drei weitere Fahrten unternommen, an denen sich auch der schweizerische Bundespräsident Ludwig Forrer (*1845 †1921) beteiligte.

Oktober 1910: Dübendorfer Flugfest

Vom 22. bis 26. Oktober 1910 fand auf dem «Aerodrom Zürich-Dübendorf» ein Flugfest statt. Vier tollkühne Aviatiker machten mit ihren Flugapparaten Flugvorführungen, die von 100 000 Zuschauern bewundert wurden. Georges Legagneux (*1882 †1914) machte am Sonntag, 23. Oktober 1910, den ersten Überlandflug in der Ostschweiz. Er erhielt für den «Rekordflug» von Dübendorf nach Uster und zurück den Preis der Gemeinde Dübendorf. Wir lesen in der Chronik des Ereignisses: «Montag, 24. Oktober 1910. Pilot André unternimmt am Vormittag einen Passagierflug mit Generalstabsmajor Hilfiker, nachmittags einen solchen mit Redaktor Bierbaum von der NZZ und abends einen dritten Flug mit einem Velohändler aus Zürich, wobei der Apparat zertrümmert wird.»

3. August und 8. Dezember 1914: Fliegerabteilung

Unmittelbar nach dem Ausbruch des Ersten Weltkriegs erfolgte am 3. August 1914 die Aufstellung einer Fliegerabteilung. Auf dem Beundenfeld in Bern besammelten sich acht Piloten mit acht «Aeroplanen». Der Kavallerieinstruktor, Hauptmann im Generalstab Theodor Real, wurde zum Kommandanten dieser

---

[2] Oberstkorpskommandant Theophil Sprecher von Bernegg (*1850 †1927), Chef des Generalstabs der Schweizer Armee von 1905 bis 1918.

Fliegerabteilung ernannt und der Generalstabsabteilung unterstellt.

Zitat von Walter Dollfus[3]: «Am 8. Dezember 1914 zogen, von Bern auf dem Luftweg kommend, die Militärflieger Audemars, Grandjean und Cuendet in Dübendorf ein, und fünf Tage später folgten ihnen Lugrin, Bider, Comte und ihr erster Kommandant, Hauptmann Real, erstmals seit 1911 wiederum allein am Steuer eines Flugzeuges. Dübendorf war eidgenössischer Militärflugplatz geworden, womit die Pionierzeit der schweizerischen Aviatik ihren Abschluss fand.»

21. November 1914: Fliegerangriff auf Friedrichshafen

Am 21. November 1914 führte der britische Royal Naval Air Service einen Fliegerangriff auf die Zeppelinwerft in Friedrichshafen durch. Es handelte sich um einen der ersten strategischen Luftangriffe der Kriegsgeschichte mit Flugzeugen. Für diese Operation wurden in England vier Flugzeuge des Typs Avro 504 hergestellt und mit Bombenrecks für vier 10-kg-Bomben versehen. Die Flugzeuge wurden danach per Schiff und Bahn nach Belfort transportiert und dort zusammengesetzt. Drei der vier Piloten schafften den Flug nach Friedrichshafen und warfen dort ihre Bomben ab. Ein Flugzeug wurde angeschossen. Der verletzte Pilot machte eine Notlandung und wurde gefangen genommen. Ein Pilot flog zurück nach Belfort und der dritte Pilot machte eine Notlandung auch auf französischem Boden.

Dieser aufwendige Fliegerangriff erfolgte aufgrund der verbreiteten Furcht vor den militarisierten deutschen Luftschiffen als strategische Waffenträger. Gestartet wurde auf einem Flugfeld ohne Piste mit Flugzeugen, die zuvor weder eingesetzt noch von den Piloten geflogen worden waren. Der Flug führte über unbekanntes Gebiet ohne Hilfe von Karten. Der Abwurf der Bomben erfolgte von unerprobten Recks auf ein nur vage definiertes Ziel (Zeppelinhalle) durch Piloten, die nie vorher Bomben abgeworfen hatten. Die Operation steht am Anfang einer ungeahnten Entwicklung der Luftkriegsführung.

---

[3] Undatierter Aufsatz von ETH-Dozent Walter Dollfus (*1898 †1978), «Wie der Flugplatz Dübendorf entstand».

In der Schweiz löste der britische Husarenstreich einen diplomatischen Notenwechsel mit London, Paris und Berlin sowie eine Diskussion über das Wesen der Neutralität im Luftraum aus. Justizmajor Max Huber[4] verfasste am 8. Dezember 1914 ein vierseitiges Memorandum mit dem Titel «Neutralität im Luftraum», welches auch heute noch von sehr grossem Interesse ist. Zwei Zitate aus dem Memorandum: « ... Die englischen Flieger haben anlässlich des Raids nach Friedrichshafen unzweifelhaft das neutrale Gebiet der Schweiz überflogen. Da in früheren Kriegen Neutralitätsverletzungen im Luftraume nicht vorgekommen sind und dieser Teil des Neutralitätsrechtes vertraglich nicht geregelt ist, kommt den heutigen Vorfällen grosse Bedeutung als Präzedenzfälle für die Zukunft zu. ... Es ist wichtig, dass die Neutralen sich rechtzeitig gegen eine Überspannung der ihnen zuzumutenden Neutralitätspflichten wehren. Sie beanspruchen das Recht, ihren Luftraum ganz verschliessen zu können. Sie übernehmen aber nur die Pflicht, ihre autonom bestimmte Neutralität gegen beide Parteien gleichmässig und, wie im Seekrieg ‹nach Massgabe der Mittel, über die sie verfügen› (Artikel 25 der Convention XIII von 1907), zu handhaben. ...»

Auf die heutige Umgangssprache übersetzt schlägt Max Huber die drei folgenden Punkte vor, die als Axiom für die Neutralität im Luftraum nach wie vor gültig sind:

* Der Luftraum umfasst die ganze Luftsäule über dem Territorium des Neutralen.
* Die Neutralität im Luftraum muss den Konfliktparteien notifiziert werden.
* Der Neutrale ist verpflichtet, der missbräuchlichen Benützung des Luftraums durch die Konfliktparteien mit den verfügbaren Mitteln entgegenzutreten.

---

[4] Prof. Dr. iur. Max Huber (*1874 †1960) war ein Schweizer Jurist, Politiker, Diplomat und Milizoffizier. Er vertrat die Schweiz bei einer Reihe von internationalen Konferenzen und Institutionen. Darüber hinaus wirkte er unter anderem als Mitglied und Präsident des Ständigen Internationalen Gerichtshofs in Den Haag. Von 1928 bis 1944 war er Präsident des Internationalen Komitees vom Roten Kreuz.

1914–1918: Erster Weltkrieg

Die militärische Tauglichkeit der Flugapparate der Fliegerabteilung war bei deren Gründung unklar. Ein Einsatz nach dem Muster der Friedrichshafenoperation des Royal Naval Air Service wäre mit den vorhandenen Mitteln unmöglich gewesen. Das galt auch für die nächsten sieben beschafften Flugzeuge. Im Jahr 1915 bestand das Inventar der Fliegerabteilung aus 14 Flugzeugen verschiedener Typen. Das Hauptproblem bestand darin, die fragilen Fluggeräte mit den schwachen und störanfälligen Kolbenmotoren überhaupt zum Fliegen zu bringen.

Am 13. August 1915 erfolgte die Unterstellung des Militärflugwesens unter den Chef der Generalstabsabteilung. Dieser hatte die Funktion des «Waffenchefs» wahrzunehmen.

Der Auslandschweizer Robert Wild wurde nach der Gründung der Fliegerabteilung beauftragt, ein neues Flugzeug zu entwickeln. In Zusammenarbeit mit der Industrie entstand in Dübendorf und Uster ein Flugzeug WTS, welches ab 1915 als Schulflugzeug zur Verfügung stand. Das zweite Flugzeug war ab Juni 1916 im Einsatz und wurde bis 1921 verwendet.

Aufgrund der Zufriedenheit der Piloten erhielt Wild den Auftrag zum Bau von sechs Aufklärungsflugzeugen des Typs WT-1, die von 1916 bis 1922 bei der Truppe im Einsatz standen.

Auf der Suche nach einem leistungsfähigen Kampfflugzeug erhielt Ingenieur Robert Ackermann den Entwicklungsauftrag für das Flugzeug «Wild Spezial», das von Robert Wild gebaut wurde. Die Erprobung im Jahre 1917 befriedigte nicht. Das Flugzeug endete im Dach des Restaurants Löwen in Schlieren.

1915 wurde bei der Eidgenössischen Konstruktionswerkstätte in Thun eine Abteilung für Flugzeugbau gegründet. Als Chefkonstrukteur konnte Ingenieur August Häfeli verpflichtet werden. Er entwickelte die Aufklärungsflugzeuge DH-1 und DH-2, die in je 6 Exemplaren zur Truppe gelangten. Sie erfüllten die Anforderungen des Truppeneinsatzes aber nicht, weil die Motoren zu schwach waren.

1917 baute die eidgenössische Konstruktionswerkstätte Thun elf Flugzeuge Wild WT (Training) und neun Flugzeuge Wild

WTS (Schulung) in Lizenz. Diese Flugzeuge wurden bei den Fliegertruppen teilweise bis 1934 verwendet.

Ab 1917 wurden 27 Trainings- und Aufklärungsflugzeuge DH-3 geliefert, welche die Anforderungen der Benützer nur mangelhaft erfüllten. Von diesem Typ wurden insgesamt 109 Exemplare gebaut, die teilweise bis 1939 im Einsatz standen.

1917 erhielt die Fliegertruppe fünf in Frankreich gebaute Jagdflugzeuge Nieuport 23 C-1.

Die Gründung der Fliegerabteilung erfolgte 1914 aus dem Nichts. Bis zum Ende des Ersten Weltkrieges im November 1918 wurden ihr 86 Flugzeuge mit 21 verschiedenen Typen zugeführt. Die damals verfügbare Technologie genügte nicht, um einen überzeugenden militärischen Nutzen der Fliegerabteilung zu erreichen.

Zu Beginn war die Fliegerabteilung der Generalstabsabteilung unterstellt. Im Oktober 1917 übernahm die Abteilung für Genie die Verantwortung für das Militärflugwesen. Ab Februar 1919 besorgte die Flugplatzdirektion Dübendorf die Ausbildung, den technischen Dienst und die Verwaltung des Militärflugdienstes unter der Oberhoheit der Generalstabsabteilung.

Die kriegstechnische Abteilung hatte mit der eidgenössischen Konstruktionswerkstätte in Thun einen Monopolbetrieb für die Entwicklung von Militärflugzeugen aufgebaut. Die Entwicklung einer privatwirtschaftlichen Flugzeugindustrie wurde nicht gefördert sondern eher behindert.

Lehren aus dem Ersten Weltkrieg

Die Luftkriegsführung erfuhr im Laufe des Ersten Weltkriegs eine enorme Entwicklung. Am Anfang wies die Luftaufklärung einige spektakuläre Erfolge auf. Der deutsche Vorstoss an die Marne scheiterte infolge der Luftbeobachtungen der Royal Flying Corps. Bei den Terrorangriffen gegen Städte ersetzten strategische Bombenflugzeuge die Zeppeline. Besondere Jagdbomber mit Bombenzielgeräten unterstützten die Operationen der Erdtruppen. Seit dem Ende des Ersten Weltkriegs herrschte die Überzeugung, eine grosse militärische Operation sei ohne Luftkriegsmittel und ohne die Luftüberlegenheit nicht mehr möglich.

Hans Rapold[5] fasste die Lehren aus dem Ersten Weltkrieg im Bezug auf die Luftkriegsführung wie folgt zusammen: «General Wille hatte in seinem Bericht über den Aktivdienst im Ersten Weltkrieg darauf hingewiesen, dass Neuerungen in der Truppenordnung unvermeidlich seien, ‹da ein Krieg neue oder verstärkte Spezialtruppen erfordert›. Er erwähnte unter anderem, die Fliegerabteilung sei auf der Höhe der Zeitforderungen zu erhalten, was für eine kleine Armee beinahe unerfüllbar sei. Er sprach sich für Beschränkung auf das Dringlichste aus – und hoffte auf fremde Hilfe im Kriegsfall. Der Generalstabschef Theophil Sprecher führte die im Aktivdienst getätigten, sehr begrenzten Materialbeschaffungen einzeln auf und hielt auch die Lücken fest. Es fehlten unter anderem Flugzeuge und Übermittlungsmaterial. Der Chef des Generalstabs, Emil Sonderegger[6], nahm diese Forderungen in seinem Bericht betreffend Heeresreform vom 31. Mai 1920 wieder auf. Er erwähnte die Notwendigkeit von Panzer- und Fliegerabwehrwaffen in Form von Maschinengewehren der Kaliber 20 oder 25 mm.»

Fazit für die Zeit bis 1920

In der Geschichte der Menschheit gibt es eine Konstante: Technische Innovationen nehmen unverzüglich Einzug in die Kampf- und Kriegsführung von Individuen, Gruppen und Armeen. Wenn das Instrumentarium vorhanden ist, dauert es aber immer eine Weile, bis der funktionale und der institutionale Aspekt von dessen Verwendung geklärt sind. Noch länger dauert es, bis das «Gegeninstrumentarium» entwickelt und einsatzfähig ist.

Ballon und Luftschiff: Wenn wir die Luftfahrt betrachten, stand der Gasballon am Anfang. Militärisch wurde er für die Evakuationen und für die Luftaufklärung verwendet. Die Institutionalisierung einer Luftschifferkompanie dauerte bei uns 10 Jahre.

---

[5] Der Schweizerische Generalstab, Helbing&Lichtenhahn, Volume V, Seite 363
[6] Oberstkorpskommandant Emil Sonderegger (*1868 †1934), Chef des Generalstabs der Schweizer Armee von 1920 bis 1923.

Dann folgte das lenkbare Luftschiff. Man befürchtete von diesem Instrument eine Revolutionierung der strategischen Kriegsführung, die dann aber nicht eintraf.

Das Flugzeug: 1903 erfolgten die ersten Hüpfer, 1910 die Flugschau in Dübendorf und 1914 die Gründung der Fliegerabteilung. Die Experten waren sich nicht einig. Die Passagiere des Luftschiffs Parseval IV waren 1909 in Zürich der Bundespräsident und der Generalstabschef. 1910 wagten in Dübendorf der Generalstabsmajor Hilfiker aus Bern, ein Journalist und ein Velomechaniker einen Flug als Passagiere des Aviatikers André. Das Luftschiff galt damals für die zivile und militärische Verwendung als zielweisend. Dem Flugzeug stand man skeptisch gegenüber und gab ihm keine grosse Zukunftschance. So kann man sich irren.

Im Jahre 1913 ergab eine Flugspende für die Schweizer Militäraviatik einen Spendenbetrag von CHF 1 734 563.00, was einen deutlichen Hinweis für die breite Unterstützung zugunsten einer Luftwaffe mit Flugapparaten bedeutete.

Die Piloten: Die Aviatiker der Aeroplane galten als (und waren) Abenteurer. Das Fluggerät bestand aus einem fragilen Ding aus Holz und Stoff mit einem problembeladenen Ottomotor. Auf dieser Basis erfolgte die Aufstellung der Fliegerabteilung. Niemand wusste, wozu man diese einsetzen könnte. Die Luftaufklärungsversuche in Manövern der Armeekorps endeten meist kläglich. Die Flugzeuge hatten keine Bewaffnung und keine Kommunikationsmöglichkeit untereinander und mit dem Boden. Funktional und institutionell befand sich die Fliegerabteilung im Niemandsland, was den Kommandanten Theodor Real bewog, seinen Job im Oktober 1916 aufzugeben.

Kriegseinsatz und Neutralitätsschutz: Der britische Raid gegen die Zeppelinwerft in Friedrichshafen vom 21. November 1914 zeigte nur eine bescheidene militärische Wirkung, erregte aber grosses Aufsehen. Plötzlich wurde erkannte, zu was das neue Instrument Flugzeug taugen könnte. In der Schweiz wurde man auf den funktionalen Aspekt des Neutralitätsschutzes aufmerksam. Das Thema der bewaffneten Neutralität im Luftraum ist seit 1914 ein Diskussionsthema. Im Jahr 1940 erfolgte die einzige praktische Anwendung dieser Funktion.

General Ulrich Wille hat 1919 zum Neutralitätsschutz im Luftraum die «Beschränkung auf das Dringlichste» und «die fremde Hilfe» in der Luftverteidigung postuliert. Dieses Thema hat im Betrachtungszeitraum eine wichtige Rolle gespielt und ist in der heutigen Zeit immer noch von höchster Aktualität.

Zivile Luftfahrt: Die Entwicklung der Luftfahrzeuge im Ersten Weltkrieg hat die zivile Luftfahrt ermöglicht. Am 25. Juni 1919 erfolgte der Erstflug des deutschen Passagierflugzeugs Junkers F 13 für vier Passagiere. Im gleichen Jahr gründeten Angehörige der Fliegerabteilung Fluggesellschaften in der Schweiz, zum Beispiel die Ad Astra Aero AG, an welcher Friedrich Rihner beteiligt war.

Die Zeit von 1920 bis 1935

1923: divergierende Ansichten

Im Jahr 1923 befasste sich die Generalstabsabteilung mit den Fragen des «Luftschutzes». Die erste Massnahme bestand in der Schaffung des Fliegerbeobachtungs- und Meldedienstes. Auch Massnahmen des passiven Luftschutzes wurden untersucht. Neben der Tarnung erwog man aufgehängte, elektrisch geladene Drähte, Sperrballone und Drachen.

In den Belangen des aktiven Luftschutzes lagen die Ansichten weit auseinander.

- Die Fliegertruppe vertrat die Ansicht, die Abwehr feindlicher Flugzeuge könne nur mit Jagdflugzeugen erfolgen. Dazu würden aber die verfügbaren und veralteten Mittel nicht ausreichen. Es sei eine massive Verstärkung auf sechs Fliegerstaffeln zu je neun Flugzeugen mit drei Kriegsflugplätzen notwendig.
- Die Abteilung für Artillerie sah den besten aktiven Luftschutz im Beschuss der Flugzeuge mit Artilleriegeschützen. Es sollten zu diesem Zweck 44 vorhandene Artilleriegeschütze umgebaut werden. Da man sich über die sehr beschränkte Wirkung im Klaren war, wurde die Beschaf-

fung von besonderen Fliegerabwehrgeschützen und von Scheinwerfern vorgeschlagen.

- Die Abteilung für Infanterie argumentierte, das schwere Maschinengewehr auf einer speziellen Lafette sei das einzig richtige Abwehrmittel gegen Flugzeuge. Die Schiessschule sei bereits an der Entwicklung einer solchen Waffe, die mit Leuchtspurmunition eingesetzt werden solle.

1925: Luftschutzkonferenz

Im Jahr 1925 wurde unter der Leitung des Chefs der Generalstabsabteilung eine Luftschutzkonferenz mit Beteiligung der Waffenchefs der Artillerie und der Genietruppen sowie dem Chef der kriegstechnischen Abteilung und dem Flugplatzdirektor einberufen. Der Entwurf dieser Konferenz für eine Struktur des «Luftschutzes» umfasste die folgenden vier Elemente:

- Aktiver Luftschutz mit Jagdfliegern, zwei Scheinwerferkompanien, 12 Mitrailleurkompanien und eventuell modernen Kanonen.
- Passiver Luftschutz mit Alarmierung bedrohter Ortschaften und Durchsetzung der angeordneten Massnahmen.
- Fliegerbeobachtungs- und Meldedienst mit 70 Beobachtungsposten in 6 Regionen.
- Verbindungsdienst mit einem landesweiten Telefonnetz.

Im Jahr 1927 bildete die Abteilung für Artillerie erstmals Fliegerabwehrrekruten aus. Die Zielsetzung lautete, jährlich 20 bis 25 Festungsartilleristen an vier in Seewen/Schwyz eingelagerten Geschützen auf dem Monte Ceneri in der Abwehr von Flugzeugen auszubilden.

1927: Episode Hermann Göring

Die nachfolgende Episode hatte möglicherweise eine Auswirkung auf die Beschaffung von deutschen Luftkriegsmitteln nach 1936 (Messerschmittflugzeuge, Transportflugzeuge Ju-52).

Walter Burkhard[7] wurde im Oktober 1927 nach Deutschland abkommandiert. Er übte damals die Funktion des administrativen Chefs der eidgenössischen Flugplatz-Direktion in Dübendorf aus. In Berlin traf er neben anderen ehemaligen deutschen Piloten Hauptmann Hermann Göring[8]. Dieser kam aufgrund dieser Begegnung im November 1927 als Vertreter einer schwedischen Firma zur Vorführung von Fallschirmen nach Dübendorf.

Die folgenden Zitate sind einem Brief entnommen, den Hermann Göring Ende Dezember 1927 an Walter Burkhard gerichtet hatte.

« ... Die Tage und Stunden, die ich bei Ihnen und Ihrer lieben Frau und Ihren Kameraden erleben durfte, werden für mich unvergesslich bleiben. Eine solch warme Gastfreundschaft und solch herzliche Kameradschaft haben meine kühnsten Erwartungen übertroffen, und ich hege nur den einen Wunsch, sobald als möglich wieder zu Ihnen kommen zu können, oder Sie hier bei uns begrüssen zu dürfen. ... Desgleichen danke ich Ihrer lieben Frau für den freundlichen Brief sowie die Zeitungsausschnitte, die ich heute erhalten habe. Ich denke immer wieder an die gemeinsam verbrachten gemütlichen Stunden zurück und muss Ihnen hierbei das Kompliment machen, (was ich übrigens sehr gerne tue) dass Sie eine ganz reizende Fliegerfrau gefunden haben, die auch für Ihre Freunde stets ein zuverlässiger und lebensfroher Kamerad sein wird. Grüssen Sie mir auch bitte all die anderen Herren, und sagen Sie auch ihnen meinen herzlichsten Dank für alles. ... Es würde mich natürlich unendlich freuen, wenn ich von Ihnen bald wieder etwas hören würde, vor allem wie sich die Aussichten bezüglich Ihrer Zukunft gestaltet haben. Sie können ja verstehen, dass ich von ganzem Herzen an Ihren weiteren Schicksalen

---

[7] Walter Burkhard (*1895 †1982), Pilotenbrevet 1918, Direktor der Militärflugplätze von 1933 bis 1960, Oberstbrigadier, Kommandant der Flugplätze von 1945 bis 1958.

[8] Hermann Göring (*1893 †1946), im Ersten Weltkrieg Jagdflieger, danach Vertreter eines schwedischen Fallschirmherstellers. Ab 1935 Oberbefehlshaber der deutschen Luftwaffe. 1945 als Kriegsverbrecher verurteilt. Tod durch Suizid.

teilnehme. Ich möchte nur dringend wünschen, dass der Schweizer Fliegerei eine derartige Kraft für immer erhalten bleiben möge. ... Mit aufrichtigem Dank verbleibe ich in herzlicher Kameradschaft. Ihr allzeit getreuer Hermann Göring.»

1933: Erneuerung des Flugzeugparks

Im Januar 1933 trat eine neue Organisation des Militärflugwesens in Kraft. Unter dem Chef der Generalstabsabteilung war die Militär-Flugplatz-Direktion für den Flugdienst, die Schulen und Kurse sowie für den Unterhalt zuständig (Direktion der Militärflugplätze). Neben dem Hauptflugplatz Dübendorf mit 8 Flugzeughallen waren die permanenten Flugplätze Thun (1 Flugzeughalle und 4 Hangars) und Lausanne (1 Flugzeughalle) für den Flugbetrieb verfügbar.

Mit Datum vom 3. November 1933 unterbreitete der Bundesrat dem Parlament eine Botschaft betreffend die Ergänzung der Bewaffnung und Ausrüstung der Armee. Darin wurde die Beschaffung und Erneuerung von Flugzeugen postuliert. Die Aufgaben der Fliegertruppe waren wie folgt umschrieben:

• Die operative und taktische Aufklärung als eine der wichtigsten Aufgaben.

• Der Einsatz von besonderen Fliegerkräften zur Bekämpfung feindlicher Luftstreitkräfte für beschränkte Zeit über bestimmten Räumen.

• Die fliegerische Bekämpfung von Erdzielen, die mit den Ereignissen an der Front in direktem Zusammenhang stehen, mit beschränkten Mitteln und unter Ausschluss von Gasgeschossen. Alle Flugzeugarten müssten für diese Aufgabe tauglich sein.

Der Bundesrat beantragte der Bundesversammlung die Erteilung eines Gesamtkredites von 82 Millionen Franken, davon 12 Millionen Franken als Einlage in einen «Erneuerungsfonds für Flugzeuge». Der Bundesrat strebte damit eine Vermehrung auf mindestens 150 kampftaugliche Flugzeuge an.

Für den «erdgestützten Luftschutz», also die Fliegerabwehr, sah die Botschaft eine Vermehrung der schweren Maschinengewehre bei der Infanterie vor. Diese sollten mit einer neuen

Lafette zur Abwehr von Fliegerangriffen eingesetzt werden. Eine Fliegerabwehrtruppe war nicht vorgesehen.

Das Parlament stimmte diesen Anträgen in der Dezembersession 1933 zu.

1934: fragwürdiger Beschaffungsentscheid

Anfang 1934 lag ein Pflichtenheft der Fliegertruppe für ein neues, zweisitziges Mehrzweckkampfflugzeug zuhanden des Eidgenössischen Militärdepartements vor. Unter «Mehrzweck» verstand man ein Flugzeug, das sich für Aufklärung und Luftabwehr sowie für Bombenwürfe – horizontal und aus dem Sturzflug – eignen sollte.

Unter der Leitung des französischen Chefingenieurs M. Thouret entstanden in der Konstruktionswerkstätte Thun zwei verschiedenartige Entwürfe, welche im Herbst 1934 der Beschaffungskommission vorgelegt wurden.

Beim ersten Projekt handelte es sich um den Typ C-35, einer Weiterentwicklung des Flugzeugs Fokker CV-E, beziehungsweise einer Kopie des holländischen Flugzeugs Fokker C.X. Als Triebwerk war ein Hispano-Suiza-Motor mit 860 PS Nennleistung vorgesehen. Die Kommission beschloss den Bau von zwei Prototypen, welche 1936 durch die Truppe erprobt und als gut befunden wurden. Die Ablieferung der insgesamt 80 Zweisitzerflugzeuge erfolgte in den Jahren 1937 und 1938. Dieser Flugzeugtyp entsprach nicht dem damaligen Stand der Technik. Das Flugzeug wies einen stoffbespannten Stahlrohrrumpf auf. Die Flügel bestanden aus stoffbespanntem Sperrholz. Das Fahrwerk konnte nicht eingezogen werden und es bestand keine geschlossene Kabine für die Flugzeugbesatzung.

Die Zustimmung zu diesem Flugzeug war eine schwache Leistung des damaligen Militärflugdienstes. Man unterzog sich einfach dem Diktat und dem Monopol der kriegstechnischen Abteilung. Niemand kämpfte für den Kauf von Flugzeugen, die dem Stand der Technik entsprachen. Damals war allgemein bekannt, in welche Richtung die Entwicklung von Kampfflugzeugen zielte.

Im Jahr 1935 absolvierten zum Beispiel die Ganzmetalltiefde-cker-Kampfflugzeuge Messerschmitt Me-109 (Deutschland) und Morane-Saulnier MS-406 (Frankreich) und im März 1936 das Flugzeug Spitfire (Grossbritannien) ihre Erstflüge. Diese Typen besassen im Vergleich mit dem Flugzeug C-35 eine wesentlich höhere Technologiestufe und bessere Flugleistun-gen.

Ich erinnere mich an die Landesausstellung von 1939 in Zü-rich, die ich mit der Schule besuchen durfte. In der Armeehalle war ein Flugzeug C-35 effektvoll an der Decke aufgehängt. Wir Zwölfjährigen bezeichneten das Flugzeug in Kenntnis der da-mals modernen Kampfflugzeuge aus Zeitschriften als «fliegen-des Gartenhäuschen».

Das zweite Projekt betraf das zweisitzige Flugzeug C-36, ebenfalls mit einem 860-PS-Motor und festem Fahrwerk aus-gerüstet. Es war als freitragender Ganzmetalltiefdecker konzi-piert. Der erste Prototyp stürzte am 20. August 1939 infolge des Bruchs der zwei Querruder ab. Die Truppenerprobung des zweiten, mit einem 1000-PS-Motor ausgerüsteten, Prototyps wurde im Mai 1940 erfolgreich abgeschlossen. Die Lieferung des Flugzeugtyps C-3603 mit Einziehfahrwerk erfolgte in zwei Serien von total 150 Flugzeugen mit Verspätung in der Zeit vom Februar 1942 bis August 1944. Die Flugzeuge waren für die Aufklärung und für den Erdkampfeinsatz konzipiert. Tech-nologisch entsprachen sie nicht dem damaligen Stand auslän-discher Kampfflugzeuge.

Die Fliegertruppe im Jahr 1935

In der Zeit von 1920 bis 1935 wurden insgesamt rund 400 Flugzeuge von 40 verschiedenen Typen beschafft. Rund 85 % davon wurden von der Konstruktionswerkstätte Thun als Eigenentwicklungen oder in Lizenz hergestellt. Rund 15 % der Flugzeuge wurden im Ausland beschafft. Von den 400 be-schafften Flugzeugen waren noch 245 Flugzeuge vorhanden. Diese sind in Tabelle 1 aufgelistet. Der technische Stand aller Modelle stammte aus den 1920er-Jahren.

Von den rund 20 vorhandenen Flugzeugtypen galten zwei als kampftauglich:

- 57 Zweisitzerflugzeuge Fokker CV-E für die Aufklärung und die Erdkampfunterstützung.
- 56 Einsitzerflugzeuge Dewoitine D-27 III für den Luftkampf als Jäger.

Beschaffung	Anzahl Flugzeuge		Typ	Verwendungszweck
Jahr	Versuch	Einsatz		
1917, 1919		54	Haefeli DH-3	Schulung
1922		34	Haefeli DH-5	Training
1922		5	Fokker D-VII	Training
1925	2		Fokker D-XI	Training
1925	2		Dewoitine D-1 C-1	Training
1926	2		Dewoitine D-19 C-1	Training
1927	1		Fokker CV-E HS	Beobachtung
1927	1		Fokker CV-E Jupiter	Beobachtung
1927		3	Potez 25A2 HS	Beobachtung
1927		7	Potez L-25 A-2 Jupiter	Beobachtung
1928	2		Dewoitine D-9 C-1	Jagd
1928	1		Alfred Comte AC-1	Training
1931, 1932		56	Dewoitine D-27	Jagd
1931		11	Dewoitine D-26	Training
1931		2	Morane MS-229	Training
1932	1		Fokker C-IX	Erdkampf
1933, 1934		57	Fokker CV-E	Beobachtung
1935	2		Fairey Fox Mk-VI	Erdkampf, Beobachtung
1936	1		Hawker Hind	Erdkampf, Beobachtung
1936	1		C-35	Erdkampf, Beobachtung
Total	**16**	**229**	**20 Typen**	

Tabelle 1: Flugzeuge des Militärflugdienstes im Jahr 1935

Die Hauptbewaffnung der Jagd-, Aufklärungs- und Bomben-flugzeuge bestand aus einem sogenannten Fliegermaschinengewehr. Die Schussbahn dieser Waffen führte durch die Propellerebene. Die Schussauslösung wurde mit dem Motor synchronisiert. Bei den Zweisitzerflugzeugen verfügte der Beobachter in der Regel über ein Doppelmaschinengewehr. Einige Flugzeugtypen konnten kleine Spreng-, Splitter- oder Brandbomben mitführen. Als Bombenzielgerät wurde ein Zielfernrohr verwendet.

Ein kleiner Teil der Flotte war mit Langwellenfunkgeräten ausgerüstet. Die Kommunikation erfolgte mit Morsetelegrafie durch den Beobachter und war praktisch nicht brauchbar.

Im Memorial Luftschutz von 1935 wird der Zustand der Flugzeugflotte in einem einzigen Satz abgehandelt. Er lautet: «Unsere Jagdflugzeuge sind sowohl flug- wie waffentechnisch überholt und können gegen einen modernen Kampf- bzw. Bomberverband nicht mehr aufkommen.»

In einem undatierten «Verzeichnis der seit 1914 ernannten Piloten» mit dem Absender «Militärflugdienst, Start» sind sämtliche bis 1935 brevetierten Militärpiloten namentlich aufgeführt. Insgesamt erhielten 377 Angehörige der Fliegertruppen das Militärpilotenbrevet. 44 Piloten hatten bei militärischen und 3 bei zivilen Flugunfällen das Leben verloren. 11 Piloten waren verstorben und 10 aus dem Flugdienst ausgeschieden. Am Ende des Jahres 1935 betrug der Bestand somit 309 Militärpiloten.

Als Infrastruktur verfügte die Fliegertruppe 1935 über den Hauptstandort Dübendorf mit einer Graspiste, den Hallen 10 und 13 sowie dem Aufnahmegebäude für die Zivilluftfahrt. Daneben befanden sich in Thun, seit 1920, und in Lausanne, seit 1923, zwei permanente Militärflugplätze.

Organisatorisch war die Fliegertruppe der Generalstabsabteilung unterstellt. Dort nahm eine Sektion Flugwesen die administrativen Belange wahr. Die Anliegen der Flieger wurden in der Landesverteidigungskommission durch den Chef der Generalstabsabteilung wahrgenommen. Die Flieger waren de facto immer noch eine Hilfstruppe ohne eigenständige Aufgaben.

Der Fliegerbeobachtungs- und Meldedienst wurde am 12. Januar 1934 durch eine Verordnung des Bundesrates ins Leben gerufen und war ebenfalls der Generalstabsabteilung unterstellt. Der Dienst umfasste 163 Beobachtungsposten und 36 Auswertezentralen.

Eine bodengestützte Fliegerabwehr existierte, abgesehen von den wenig erfolgreichen Versuchen der Abteilungen für Infanterie und Artillerie, im Jahre 1935 nicht.

Für den passiven Luftschutz hatte der Bundesrat in den Jahren 1934 und 1935 die Grundlagen geschaffen. Die Frage der Zuständigkeiten der Kantone, des Bundes und der Armee war aber umstritten.

Das Memorial Luftschutz

Die schweizerische Offiziersgesellschaft forderte in einer Eingabe vom 14. Mai 1935 an das Eidgenössische Militärdepartement einen wirkungsvollen «Luftschutz». Diese Eingabe wurde der Generalstabsabteilung zur Beantwortung zugewiesen.

Am 7. August 1935 teilte die Generalstabsabteilung dem Eidgenössische Militärdepartement Folgendes mit: «Auch wir sind der festen Überzeugung, dass der Aufbau und die Entwicklung unseres Luftschutzes einer hiefür mit den nötigen Kompetenzen versehenen verantwortlichen zentralen Leitung bedürfen. Bevor man aber eine solche ins Leben ruft, muss ihr Aufgabenkreis möglichst klar und deutlich umschrieben werden.»

Am 31. Dezember 1935 wurde dann ein entsprechendes Dokument mit dem Titel Memorial Luftschutz an das Eidgenössische Militärdepartement eingereicht. Dieses wurde durch den Chef der Sektion für materielle und technische Angelegenheiten, Hans Bandi, bearbeitet und vom Chef der Generalstabsabteilung, Oberstkorpskommandant Heinrich Roost[9], unterzeichnet.

---

[9] Heinrich Roost, (*25.05 1872 † 09.06.1936), Oberstkorpskommandant, Generalstabschef und Chef der Generalstabsabteilung von Januar 1928 bis Juni 1936.

In der Einleitung wird die zukünftige Bedeutung der Luftkriegs-führung beschrieben und festgestellt: «Demzufolge liegt hier eine staatspolitische Aufgabe von grösster Bedeutung vor, der sich auch unsere Regierung nicht entziehen kann. Es ist nicht unsere Schuld, dass die Völkerbundsverhandlungen zu keinem Resultat mit Bezug auf die Verhinderung der Luftgefahr führ-ten, aber es wäre unverantwortlich, sich weiterhin von diesen Hoffnungen beeinflussen zu lassen.»

Passiver Luftschutz

Im Kapitel «Passiver Luftschutz» wird die grosse Bedeutung des Schutzes der Bevölkerung vor Angriffen aus der Luft be-schrieben. Zitat: «Solche Aufgaben sind neben dem Selbst-schutz der Kollektivschutz, Tarn- und Verdunkelungsmass-nahmen, Gas- und Brandschutz, mit den dazugehörigen Sani-täts-, Rettungs- und Entgiftungsdiensten. Neben diesen Orga-nisationen und Massnahmen zur Herabminderung der physi-schen und materiellen Wirkung feindlicher Luftangriffe hat der passive Luftschutz eine grosse psychologische Bedeutung.»

Als sehr schwierige aber notwendige Aufgabe wird der rasch und sicher funktionierende Flugmelde- und Warndienst sowie der dazu gehörige Verbindungsdienst dargestellt.

Neben dem passiven wird der aktive Luftschutz als absolut notwendig dargestellt. «Die besten passiven Luftschutzvorbe-reitungen werden aber mehr oder weniger nutzlos, wenn ein Gegner nicht mit einer ernsthaften Gegenwehr rechnen muss.»

Aufgaben und Entwicklung der Luftwaffe

Was im Kapitel «Aktiver Luftschutz» im Abschnitt über die Rol-le der Luftwaffe steht, ist lesenswert. Hans Bandi beschreibt den Krieg der Zukunft so, wie er sich dann abgespielt hat. Es wird aufgezeigt, wie die neuen technischen Möglichkeiten der Luftwaffen, aber auch die Mechanisierung der Erdtruppen, eine Revolutionierung der Kriegsführung zur Folge haben. Das neue Kriegsbild wird ausführlich dargestellt.

Das Prinzip «Qualität vor Quantität» ist erstmals wie folgt pos-tuliert: «Beim Aufbau einer starken Luftwaffe darf nicht in erster Linie die Zahl der Flugzeuge wegleitend sein, sondern die Art derselben. Unser Piloten- und Beobachterkorps hat Leistungen zu verzeichnen, die sich sehen lassen können. Sorgen wir dafür, dass ein der neuen Kriegsform angepasstes Flugmaterial mit der zugehörigen Bewaffnung zur Verfügung steht und für den Kriegsfall der Ersatz an Personal und Material sichergestellt ist, so wird es uns möglich sein, dem Gegner eine rücksichtslose Kampfführung aus der Luft durch Gegenmassnahmen zu verunmöglichen.»

In der Zeit vor dem Memorial und auch danach wurde die Flottengrösse als entscheidendes Kriterium ins Feld geführt. Das von Hans Bandi geforderte Qualitätsprinzip für die Beschaffung von Waffensystemen der Flieger- und Fliegerabwehrtruppen ist eigentlich erst seit den 1980er-Jahren wegleitend.

Weiter wird, ebenfalls erstmals, eine Gesamtstrategie der Landesverteidigung als notwendig erachtet, welche die integrierte Land-Luft-Kriegsführung einschliesst. In dieser Strategie müssten (wörtlich) die geografische und wirtschaftliche Lage, die technischen Möglichkeiten und die tragbaren finanziellen Opfer des Landes berücksichtigt werden. Die Ausarbeitung dieser Gesamtstrategie war nicht Gegenstand des Memorials. Immerhin ist aber der Lösungsansatz von dem, was heute Waffenverbund oder neudeutsch Joint Forces genannt wird, klar beschrieben.

Die primäre Aufgabe der Luftwaffe im Neutralitätsschutzfall ist im nachfolgenden Absatz, sozusagen zeitlos, festgehalten. «Bricht in Europa ein neuer Krieg aus, so werden wir mit grösster Wahrscheinlichkeit zum Mindesten dazu gezwungen werden, unsere Landesgrenzen zu besetzen, um einen Durchmarsch fremder Truppen zu verhindern. Durch die Entwicklung der Luftwaffe hat sich gegenüber den Jahren 1914–1918 auch diese Aufgabe für uns verändert, denn man wird von uns verlangen, auch das Überfliegen unseres Territoriums durch entsprechende Massnahmen so weitgehend als möglich einzudämmen. Um dieser Verpflichtung gerecht zu werden, benötigen wir neben einer sowohl bei Tag als bei Nacht, das heisst bei günstigen und ungünstigen Sichtverhältnissen, gut funktionierende Fliegerbeobachtungs- und Meldeorganisation, vor allem aber eine Luftwaffe, die über rasche und gut bewaffnete Flugzeuge verfügt, welche befähigt sind, in kürzester Zeit grosse Höhen zu erreichen, und wenn nötig, den Kampf mit fremden Flugzeugen aufzunehmen.»

Im Bericht wird danach der Luftkrieg der Zukunft treffend beschrieben. Die damals noch kaum vorstellbaren amerikanischen und britischen Flugzeuge der Bomberflotten werden als «Luftkreuzer» bezeichnet und einem Zweisitzerkampfflugzeug gegenübergestellt.

Die grosse Problematik der Bekämpfung von Angreifern aus der Luft wird beschrieben. Es wären dazu genaue Informationen über die Position der Flugzeuge und Funkverbindungen notwendig. Beide Bedürfnisse konnten mit der verfügbaren Technologie von 1935 nicht gedeckt werden. Bemerkenswert ist die Tatsache, dass in der Schweiz zu dieser Zeit die Funkmess- oder Radartechnik noch unbekannt war. In Deutschland, Grossbritannien und anderen Ländern wurde damals auf diesem Gebiet intensiv geforscht und entwickelt.

Als in Betracht kommende Kampfflugzeuge werden wörtlich erwähnt:

- Für Fernaufklärung und Sicherung ein rascher Kampfzweisitzer mit eingebauter Kanone und Maschinengewehren und ausserdem mit einem gewissen Überschuss an Nutzlast für die Zuladung von Bomben.
- Für die Nahaufklärung sowie für den Abwehrkampf über und hinter der Kampffront unserer Landarmee ein rasches, gut bewaffnetes Jagdflugzeug, mit beschränktem Aktionsradius zugunsten der Steigfähigkeit, Geschwindigkeit und Bewaffnung. In diesem Zusammenhang wird erstmals der Begriff der «Luftpolizeiaufgaben» verwendet.
- Ein rascher, gut bewaffneter Bombermehrsitzer mit grossem Aktionsradius. Dieser Letztere soll je nach Aufgabe auf Kosten des Bombengewichtes durch entsprechende Vermehrung des Betriebsstoffes vergrössert werden können.

Die notwendige Zahl der Flugzeuge könne erst nach der Festlegung der Aufgaben der Luftwaffe und der finanziellen Rahmenbedingungen festgelegt werden. Die «Schaffung einer einheimischen, entsprechend leistungsfähigen Flugzeug- und Flugmotorenindustrie» wird als wichtig erachtet.

An die Idee, die Schweiz würde im Bedarfsfall in der Luft-kriegsführung von ausländischen Mächten unterstützt, wird eine Absage erteilt. «Die hohen Forderungen an Material und Personal lassen die Annahme nicht zu, dass ein Verbündeter uns im Kriegsfall die fehlende Luftwaffe zur Verfügung stellen und damit unsern Landesluftschutz mehr oder weniger über-nehmen würde. Wegen der grossen Kosten und des immer noch in Entwicklung befindlichen Flugzeug- und Motorenbaues wird kein Staat im Frieden mehr Flugmaterial anschaffen und unterhalten, als das, wessen er bei Kriegsausbruch bedarf.»

Die «Erdabwehr» (Fliegerabwehr)

Die bestehende Flieger-Flab-Kontroverse in der Frage der Luftverteidigung wird wie folgt beschrieben: «Die diesbezügli-chen Ansichten der Fachleute gehen sehr stark auseinander. Beide extremen Gruppen sind darin einig, dass das Jagdflug-zeug als Luftabwehrwaffe durch die Entwicklung der Kampf- und Bombenflugzeuge an Bedeutung sehr viel eingebüsst hat. Um diese Einbusse im Luftschutz auszugleichen, will die eine Gruppe den gesamten aktiven Heimatluftschutz der Erdabwehr übertragen, wogegen die andere mehr oder weniger auf de-fensive Luftabwehr – Jagdflugzeuge und Erdabwehrmittel – zugunsten einer starken offensiven Luftflotte verzichten möch-te.»

Die Vor- und Nachteile der bodengestützten Fliegerabwehr werden eingehend und schlüssig dargelegt. Durch die neuen technischen Hilfsmittel (Kommandogeräte) werde die Treffer-wahrscheinlichkeit, nicht aber die Reichweite gesteigert. Bom-berformationen, die höher als 6000 m über Grund fliegen, könnten mit Kanonen nicht bekämpft werden.

Die Notwendigkeit der Schaffung einer bodengestützten Flie-gerabwehr wird wie folgt postuliert: «Zusammenfassend halten wir die Schaffung einer Erdabwehr, vor allem einer niedrigen Erdabwehr durch Kleinkalibergeschütze … ohne die kompli-zierten und die Ausbildung erschwerenden Kommandogeräte, für den Schutz der wichtigen Objekte und Punkte als eine unentbehrliche Ergänzung des Luftschutzes.» Die Kantone, Städte und Gemeinden müssten sich an den Kosten beteiligen. Organisation, Ausbildung und Leitung des Einsatzes müssten aber durch die Militärbehörden wahrgenommen werden.

Die Frage der Unterstellung von Fliegerabwehrmitteln unter die Armeekorps war bis in die 1980er-Jahre ein permanenter Streitpunkt, welcher im Memorial Luftschutz wie folgt richtungsweisend beschrieben ist: «Ob man ausserdem die für die Armee vorzusehenden Fliegerabwehrbatterien den Armeekorps direkt unterstellen will oder sie mit der Luftwaffe zusammenhält, und nur nach den obwaltenden Verhältnissen von Fall zu Fall einem höheren Verband der Landarmee direkt unterstellt, ist von der Gesamtorganisation des Landesluftschutzes abhängig.»

Die zentrale Leitung des Luftschutzes

In diesem Kapitel wird zuerst die Zuständigkeit des Bundes für den gesamten Luftschutz (passiver Luftschutz, Luftwaffe und Fliegerabwehr) festgehalten. Die Einführung des passiven Luftschutzes wurde mit einem Bundesbeschluss vom 29. September 1934 entschieden. Die Leitung oblag einer Luftschutzkommission, welche über eine permanente Luftschutzstelle verfügte. Im Memorial wird eingehend und schlüssig dargelegt, warum diese Leitungsorganisation nicht genügen kann. Für den passiven Luftschutz werden eine zentrale Bundesstelle und die enge Verknüpfung mit dem Territorialdienst als notwendig erachtet.

Die zentrale Leitung der Luftwaffe wird als selbstverständlich bezeichnet. Damit wird den abstrusen Vorstellungen einer Unterstellung von Teilen der Luftwaffe unter die Oberzolldirektion oder unter die Armeekorps ein Ende bereitet.

Die Unterstellung der Fliegerabwehr wird im Memorial einlässlich untersucht. Offenbar bestand damals die Ansicht, die Fliegerabwehr sei Sache der Abteilung für Artillerie. Insbesondere die enge Zusammenarbeit mit der Luftwaffe erfordere zwingend die Eingliederung der Fliegerabwehr unter ein zentrales «Luftschutzkommando». Richtigerweise wird die Fliegerabwehr als eine neue Sparte der Verteidigung bezeichnet, welche besondere Verfahren beherrschen müsse. Wichtig sei auch die gemeinsame Ausbildung der Flieger- und Fliegerabwehroffiziere.

Als Schlussfolgerung wird im Memorial festgehalten: «Aus allen diesen Erwägungen geht die Notwendigkeit der Zusammenfassung sämtlicher Kräfte, welche uns für die Sicherstellung eines Landesluftschutzes zur Verfügung stehen, hervor. Will man eine solche erreichen, so wird es nicht anders gehen, als dass hiefür eine einheitliche Leitung eingesetzt wird; ihr muss die Verantwortung für den gesamten Aufbau und die Weiterentwicklung dieses Gebietes überbunden werden. Dementsprechend muss diese aber auch über die hiefür erforderlichen Kompetenzen verfügen und den übrigen Dienstabteilungen mit Truppen des Eidgenössischen Militärdepartements gleichgestellt werden.»

Ein Mitbericht der Artilleriekommission unterstützt diese Schlussfolgerung.

Am Schluss des Memorials wird die Forderung nach einem Materialbeschaffungsprogramm mit Beschränkung auf das Wesentliche erhoben, von dem aber nicht abgewichen werden dürfe, sofern nicht umwälzende neue Erkenntnisse eintreten würden. Es wird ein Finanzierungsmodell mit dem nachfolgenden Schlusssatz dargelegt:

«Die weitere Verarbeitung des ganzen Luftschutzproblems wird zeigen, dass wir auch mit einer solchen Massnahme die erforderlichen Geldmittel für den Aufbau der Luftwaffe und des übrigen aktiven Luftschutzes nicht zusammenbringen werden. Die Bewilligung eines einmaligen grossen Luftschutzkredites wird deshalb nach unserem Ermessen nicht zu umgehen sein.»

Fazit für die Zeit von 1920 bis 1935

Die Fliegertruppe erhielt in dieser Zeitperiode fast 400 neue Flugzeuge. Davon wurden die meisten durch die eidgenössische Konstruktionswerkstätte in Thun hergestellt. Kein einziges der 254 noch vorhandenen Flugzeuge entsprach im Jahr 1935 dem damaligen Stand der Technik. Die rund 300 Militärpiloten trainierten mit einem Sammelsurium von operativ und taktisch untauglichem Flugmaterial. Die Flugzeuge verfügten über eine schwache Motorisierung und Bewaffnung und keine funktionierenden Kommunikationsmittel.

Der Entscheid von 1934 für die Beschaffung von 80 Flugzeugen des Typs C-35 war rückwärtsgerichtet. Er trug der operativen Zielsetzung vom November 1933 nicht Rechnung und war nicht auf ein absehbares Kriegsbild ausgerichtet. Offenbar standen damals der Kauf zeitgemässer Flugzeuge im Ausland oder ein Lizenzbau nicht zur Diskussion.

Die Fliegertruppe basierte auf dem Flugplatz Dübendorf mit einer bescheidenen Infrastruktur. 1935 existierten weder in Dübendorf noch in Thun und Lausanne Hartbelagpisten.

Die Fliegertruppe war immer noch eine Hilfstruppe ohne Stimme in den Leitungsgremien des Eidgenössischen Militärdepartements.

Die Leistungsfähigkeit des Fliegerbeobachtungs- und Meldedienstes war insbesondere durch die schlechte Qualität der Drahtverbindungen beeinträchtigt. Von einer aktuellen Darstellung der Luftlage war man weit entfernt.

Im Bereich der bodengestützten Fliegerabwehr machten die Abteilungen für Infanterie und für Artillerie unkoordinierte Versuche. Geeignete Waffen, Truppenverbände und Einsatzgrundsätze waren aber nicht vorhanden.

Für den passiven Luftschutz hatte der Bundesrat in den Jahren 1934 und 1935 die Grundlagen geschaffen. Die Frage der Zuständigkeiten der Gemeinden, der Kantone, des Bundes und der Armee war aber umstritten.

In dieser Situation in den Belangen der Luftkriegsführung, die ohne Übertreibung – vier Jahre vor Ausbruch des Zweiten Weltkriegs – als desolat und chaotisch bezeichnet werden muss, bildete **das Memorial Luftschutz** der Generalstabsabteilung eine eigentliche Zäsur. Das Dokument enthielt keine eigentliche Kritik an den herrschenden Zuständen. Es war – taktisch geschickt – auf die Zukunft ausgerichtet.

Die Vision eines nächsten Krieges – sowohl am Boden wie auch in der Luft – wurde im Memorial so dargestellt, wie sie nur vier Jahre danach im Zweiten Weltkrieg schreckliche Wirklichkeit geworden ist.

Der Bericht beschrieb die überaus grosse Bedeutung des passiven Luftschutzes mit der Notwendigkeit der straffen Führung durch den Bund. Die grosse Problematik der zeitgerechten Erfassung der Lage im Luftraum als Grundlage der passiven und aktiven Luftschutzmassnahmen wurde erkannt. Die Funkmess- oder Radartechnik war allerdings damals in der Schweiz unbekannt[10].

Die Grundsätze des Neutralitätsschutzes, des Waffenverbunds (Joint Forces) und des Prinzips «Qualität vor Quantität» waren zeitlos und wegleitend festgehalten.

Die operativen Zielsetzungen der Luftverteidigung mit luft- und bodengestützten Mitteln wurden beschrieben. Fast verzweifelt erschien die Suche nach Lösungsansätzen im materiellen Bereich. Die überaus grossen erforderlichen finanziellen Mittel galten als Grenze der Möglichkeiten. In allen Bereichen musste praktisch bei null begonnen werden.

Das Memorial postulierte die Notwendigkeit einer zentralen Führung des gesamten «aktiven Luftschutzes». Die Führungsrolle des Bundes im passiven Luftschutz wurde als notwendig erachtet, die Sicherstellung dieser Funktion durch eine zivile Bundesstelle nicht explizite ausgeschlossen.

Das Memorial war das Werk von Hans Bandi. Der Chef der Generalstabsabteilung, Oberstkorpskommandant Heinrich Roost, unterzeichnete das Dokument am 31. Dezember 1935 und reichte es an das Eidgenössische Militärdepartement ein. Bundesrat Rudolf Minger handelte angesichts der wachsenden Bedrohung im Sinne des Memorials rasch und konsequent. Das Vertrauensverhältnis zwischen Rudolf Minger und Heinrich Roost ermöglichte die nicht selbstverständlichen getroffenen Massnahmen.

---

[10] Eine brauchbare Darstellung der Lage im schweizerischen Luftraum stand für die Führung der Flieger- und Fliegerabwehrtruppen erst mit dem Floridasystem ab 1970 zur Verfügung.

13. Oktober 1936: Geburtsstunde der Flieger- und Fliegerabwehrtruppen

Die Sitzung des Bundesrates vom Dienstag, 13. Oktober 1936, kann als die Geburtsstunde der Flieger- und Fliegerabwehrtruppen bezeichnet werden, was der nachfolgende Protokollauszug deutlich macht.

«Die Rüstungen des Auslandes lassen mit aller Deutlichkeit erkennen, dass der Luftwaffe die grösste Bedeutung zukommt. Dies gilt im Ernstfall sowohl für den Luftraum der kämpfenden Armeen wie für den Luftraum über allen militärisch und wirtschaftlich wichtigen Punkten des Landesinnern. Dementsprechend ist unsere Luftwaffe, die schon seit mehreren Jahren eine starke Entwicklung erfahren hat, im Rahmen des Möglichen weiter auszubauen. Dazu gehören unter anderem die Neuanschaffung von Flugzeugen und sonstigem Korpsmaterial für die Fliegertruppe, die Erhöhung deren Bestände, vermehrtes Personal zur Ausbildung von Piloten, Kadern und Mannschaften, die Erstellung von Unterbringungsmöglichkeiten von Flugzeugen mit entsprechend vermehrtem Unterhalt.

Hiezu kommt die wichtige Aufgabe der Fliegerabwehr. Diese ist vorgesehen mit überschweren Maschinengewehren und Fliegerabwehrkanonen zum Schutze von Städten und wichtigen Anflugräumen. Bedeutung und Umfang dieser Massnahmen sind ersichtlich aus der Botschaft des Bundesrates vom 17. April 1936 über Verstärkung der Landesverteidigung, wonach auf Seite 13 für die Erdabwehr Fr. 48,2 Millionen, für den Ausbau der Luftwaffe Fr. 55,3 Millionen, total Fr. 103,5 Millionen vorgesehen sind.

Diese Massnahmen für den aktiven Luftschutz bringen der Militärverwaltung neue Aufgaben. Ihre Durchführung – die, so wie die Dinge nun einmal liegen, keine weitere Verzögerung verträgt – macht vor allem die Aufstellung einer tüchtigen, selbstständigen und verantwortlichen Leitung erforderlich. Dies kommt auch zum Ausdruck in der erwähnten Botschaft betreffend Verstärkung der Landesverteidigung sowie in der Botschaft betreffend die neue Truppenordnung vom 19. Juni 1936, wo von einer gemeinsamen militärischen Leitung für den aktiven und passiven Luftschutz die Rede ist. Jedenfalls kann darüber kein Zweifel bestehen, dass für Instruktion und weiteren Ausbau der Luftwaffe, für Beschaffung und Organisation der Erdabwehr und Instruktion dieser Truppe eine einheitliche militärische Leitung unerlässlich ist. Hiezu soll die ‹Abteilung für Flugwesen und aktiven Luftschutz› geschaffen werden.

Die formelle Grundlage für die Schaffung der neuen Abteilung und ihrer Organisation bietet der Beschluss der Bundesversammlung betreffend die neue Truppenordnung vom 6. Oktober 1936, Artikel 10. Hiernach ist die administrative Organisation des Militärflugdienstes Sache des Bundesrates.

Im Hinblick auf die militärpolitisch gespannte Lage ist die ganze Angelegenheit als sehr dringlich zu bezeichnen. Andererseits sind noch nicht alle organisatorischen Fragen restlos abgeklärt. Es dürfte sich daher empfehlen, das Eidgenössische Militärdepartement mit der vorläufigen Neuordnung der Dinge zu beauftragen, in der Meinung, dass im gegebenen Zeitpunkt die definitive Organisation dem Bundesrat zur Genehmigung zu unterbreiten sei. Im Weitern ist, wie im Bundesratsbeschluss über Organisationsfragen der eidgenössischen Militärverwaltung vom 19. Juni 1936 niedergelegt, auch die Mitwirkung des Finanz- und Zolldepartementes vorgesehen.

Antragsgemäss und mit Zustimmung des Finanz- und Zolldepartementes wird beschlossen:

1. In Ausführung des Bundesbeschlusses der Bundesversammlung betreffend die neue Truppenordnung vom 6. Oktober 1936, Artikel 10, wird das Eidgenössische Militärdepartement ermächtigt, die Abteilung für Flugwesen und aktiven Luftschutz neu zu schaffen, zu organisieren und alles hiezu weiter Erforderliche anzuordnen. Die Organisation ist im gegebenen Zeitpunkt dem Bundesrat zur Genehmigung zu unterbreiten.
2. Soweit mit den unter Ziffer 1 erwähnten Massnahmen Mehrausgaben gegenüber dem Vorschlag verbunden sind, ist hiefür die Zustimmung des Finanz- und Zolldepartements erforderlich.»

Am 19. Oktober 1936 verfügte das Eidgenössische Militärdepartement die Organisation der Abteilung für Flugwesen und aktiven Luftschutz, und zwar ohne Änderung des eingereichten Vorschlages. Ihre Aufgaben umfassten die Ausbildung der Flieger- und Fliegerabwehrtruppen, die Bearbeitung der Materialbauprogramme, den Unterhalt der Flugzeuge und des übrigen Korpsmaterials sowie den Unterhalt und die Neuanlage von Flugplätzen. Organisatorisch umfasste sie die Dienstabteilung in Bern, das Instruktionskorps der Flieger- und Fliegerabwehrtruppen und die Direktion der Militärflugplätze.

Die Benennung der neu geschaffenen Abteilung führte zu Verwirrungen, da es seit Kurzem auch eine Abteilung für passiven Luftschutz gab. Aus diesem Grund verfügte das Eidgenössische Militärdepartement am 10. November 1936 die Bezeichnung «Abteilung für Flugwesen und Fliegerabwehr».

Wahl des Kommandanten und Waffenchefs der Flieger- und Fliegerabwehrtruppen

In der Sitzung des Bundesrates vom 13. Oktober 1936 wurde Oberst im Generalstab Hans Bandi zum Chef der Abteilung für Flugwesen und aktiven Luftschutz und gleichzeitig zum Waffenchef der Flieger- und Fliegerabwehrtruppen mit Amtsantritt am nächsten Tag, dem 14. Oktober 1936, gewählt. An der Bundesratssitzung vom 31. November 1936 erfolgte seine Ernennung zum Kommandanten der Flieger- und Fliegerabwehrtruppen. Auf das Jahresende wurde er zum Oberstdivisionär befördert.

Diese Wahl hat eine Vorgeschichte. Ende 1929 erfolgte ein Wechsel des Chefs des Militärflugdienstes. Der Infanterieinstruktionsoffizier Oberstleutnant im Generalstab Albert Müller trat nach Querelen mit seinen Unterstellten zurück. Der Chef der Generalstabsabteilung fragte Hans Bandi, ob er diese Aufgabe übernehmen wolle, was dieser ablehnte. In der damaligen Lage sah er keine Möglichkeit zur wirkungsvollen Weiterentwicklung der Fliegertruppe. Vermutlich wollte er sich damals auch nicht in dieses Wespennest setzen. An seiner Stelle wurde der Infanterieinstruktionsoffizier Oberst Philippe Bardet am 1. Januar 1930 Chef des Militärflugdienstes.

Am 3. Februar 1936 orientierte Bundesrat Rudolf Minger die Landesverteidigungskommission über die Rücktrittsabsicht von Oberst Philippe Bardet als Chef des Fliegerwaffenplatzes Dübendorf und Kommandant der Fliegertruppe.

An der Sitzung vom 14. August 1936 stimmte der Bundesrat dem Antrag von Rudolf Minger zu, «mit den Funktionen des Kommandos des Fliegerwaffenplatzes Dübendorf den Oberst im Generalstab Hans Bandi, Sektionschef der Generalstabsabteilung, provisorisch zu betrauen und ihn im Hinblick auf die Bedeutung der Luftwaffe provisorisch zum Chef der neu zu bildenden Abteilung für Flugwesen und aktiven Luftschutz zu ernennen».

Am 19. August 1936 empfing Bundesrat Rudolf Minger Oberstleutnant Friedrich Rihner zu einer Unterredung. Friedrich Rihner (*1880 †1972) war Instruktionsoffizier und seit 1917 Militärpilot. Er war zu diesem Zeitpunkt eine Art Doyen der Instruktionsoffiziere im Militärflugdienst. Über diese Unterredung sind keine Unterlagen bekannt. Offenbar erhob Rihner Einsprache gegen die Wahl von Hans Bandi. Wen er an seiner Stelle vorschlug, ist unbekannt. Von den Instruktionsoffizieren des Militärflugdienstes erfüllte keiner die Voraussetzungen für eine Wahl zum Oberstdivisionär (Oberst mit Führungserfahrung bis zur Regimentsstufe). Die Intervention von Rihner ist ungewöhnlich. Der Dienstweg wäre ja via Oberst Bardet zum Chef des Generalstabs gelaufen. Dort hat er sich vermutlich keine Chance ausgerechnet. Bei Rudolf Minger war er aber auch an der falschen Adresse. Dieser kannte Hans Bandi und war sein Förderer. Bestimmt hat Friedrich Rihner seinen Vorstoss zum Departementschef nicht nur in eigener Sache unternommen. Vermutlich war er Sprecher einer Gruppe von Berufsmilitärpiloten, die Bandi nicht als Vorgesetzten wollten. Über die Angehörigen dieser Gruppe kann man nur spekulieren. Wie Kurt Bolliger vermute ich Edgar Primault (*1893 †1971, Militärpilot seit 1918) als Drahtzieher. Er wollte seinem um 11 Jahre jüngeren Bruder Etienne den Weg in höhere Sphären ebnen. Diese Vermutung würde auch die späteren Kontakte mit dem Chef des persönlichen Stabes des Generals, Bernard Barbey, erklären.

Oberst im Generalstab Hans Bandi, Instruktionsoffizier der Artillerie, war seit 1924 als Chef der Sektion für materielle und technische Angelegenheiten der Generalstabsabteilung tätig. In seiner militärischen Funktion war er von 1925 bis 1926 Kommandant eines Artillerieregiments, von 1931 bis 1932 als Oberst Kommandant einer Artilleriebrigade und seit 1936 Stabschef des 2. Armeekorps.

Als Sektionschef der Generalstabsabteilung war er Autor des früher erwähnten Memorial Luftschutz. In diesem Zusammenhang befasste er sich eingehend mit der Problematik der Luftkriegsführung. Seine fundierten Schlussfolgerungen und Anträge überzeugten seinen Vorgesetzten, Oberstkorpskommandant Heinrich Roost und den Chef des Eidgenössischen Militärdepartements, Bundesrat Rudolf Minger. Sie bildeten die Grundlage des Bundesratsbeschlusses vom 13. Oktober 1936 zur Schaffung der Flieger- und Fliegerabwehrtruppen.

Hans Bandi erfüllte alle Voraussetzungen für seine Wahl durch den Bundesrat. Er war Generalstabsoffizier. Als Kommandant führte er ein Regiment und eine Brigade. Im Zeitpunkt seiner Wahl wirkte er als Stabschef eines Armeekorps. Seit mehr als zehn Jahren war er in der «Berner Bürokratie» tätig und kannte die Administration und alle Abläufe und Probleme der militärischen Planung. Als Ingenieur war er Sachverständiger für alle technischen Fragen. Er genoss das Vertrauen des Generalstabschefs und des Departementschefs.

Mit dem besten Willen kann man sich keine bessere Wahl vorstellen. Weder bei den Fliegern noch bei einer anderen Truppe war ein nur annähernd gleich geeigneter Offizier für diese sehr schwierige Aufgabe vorhanden.

Einige Berufsmilitärpiloten unter dem Anführer Friedrich Rihner waren Hans Bandi von Anbeginn feindlich gesinnt. Bis zum heutigen Tag ist die Ansicht weit verbreitet, der Kommandant der Flieger- und Fliegerabwehrtruppen müsse ein Militärpilot sein. Auch Bernard Barbey war offenbar dieser Ansicht. Wir lesen in seinem Tagebucheintrag vom Freitag, 7. August 1942, über eine Konferenz im Armeestab unter anderem: « ... Ich blicke um den grünen Tisch herum: wo sind die Flieger? Huber, Bandi, Furrer, Muntwyler, Wattenwyl, Hess, alles Artilleristen. Dass uns doch, lieber Gott, ein Flieger vom Himmel fiele, und dann wären wir in der Lage, über Fliegerfragen zu sprechen!»

Hans Bandi[11] schreibt zu dieser Thematik (leicht gekürzt):

«Wenn General Guisan die Tatsache erwähnt, dass ich selbst nicht aus der Fliegertruppe, sondern aus der Artillerie hervorgegangen sei, so darf auch bedacht werden, dass die Luftwaffe ja nicht nur die Flieger, sondern auch die Fliegerabwehr umfasst. Auf der Generalstabsabteilung hatte ich die Grundlagen für den Aufbau beider Waffen zu bearbeiten. Seitdem mir im Jahre 1936 eine der schwierigsten Aufgaben unserer Landesverteidigung übertragen worden ist, habe ich gegen die Orthodoxie vorgefasster Meinungen einen beharrlichen Kampf für den Ausbau der schweizerischen Luftwaffe geführt. Dafür waren mir bis zur Kriegsmobilmachung nicht einmal drei Jahre gegeben.»

Von den 14 bisherigen Kommandanten der Flieger- und Fliegerabwehrtruppen beziehungsweise der Luftwaffe seit 1936 waren 8 nicht Piloten. 4 kamen von anderen Truppengattungen. Die Beurteilung der Leistung der Nicht-Piloten widerlegt die Vorurteile.

Kurzer Exkurs über Militärpiloten

Die Militärpiloten prägten die Geschichte der Militärluftfahrt. Die technologische Entwicklung wirkte sich immer direkt auf das Anforderungsprofil der Piloten aus, auch wenn sie selber dieses oft nicht wahrhaben wollten. In der öffentlichen Wahrnehmung wurden die Piloten bis zum heutigen Tag als Ausnahmeerscheinungen bewundert.

---

[11] Bandi, H., Eingabe zum Bericht von General Henri Guisan und zum Bericht des Kommandanten der Flieger- und Fliegerabwehrtruppen, 1947.

Ritter der Lüfte

Im Oktober 1910 begaben sich 100 000 Menschen auf den damals neuen «Aerodrom Zürich-Dübendorf», um vier Piloten mit ihren fliegenden Holz- und Drahtgestellen zu sehen. Die Piloten waren die Helden der Lüfte. Es handelte sich um Abenteurer, die eine gefährliche Tätigkeit ausübten. Von den elf im Jahre 1914 brevetierten Militärpiloten fanden vier den Fliegertod. Das Todesrisiko lag somit bei diesen allerersten Militärpiloten bei 36 %.

Um die Militärpiloten des Ersten Weltkriegs gibt es viele Legenden. Sie wurden Ritter der Lüfte genannt, die sich in – eigentlich eher sinnlosen – Luftkämpfen massen. Daneben entwickelten Ingenieure und Piloten Methoden für die Luftaufklärung, «Luftkreuzer» für die Bekämpfung von Bodenzielen und als Gegenmassnahme Jagdflugzeuge zur Bekämpfung der feindlichen Luftfahrzeuge.

In der Zeit zwischen dem Ersten und dem Zweiten Weltkrieg ging es den Piloten der schweizerischen Fliegertruppe vorwiegend um das Fliegen. Sie kümmerten sich wenig um die operativen und technischen Fragen der Luftkriegsführung. An der Entwicklung der Kommunikation zwischen den Flugzeugen und mit Bodenleitstellen bestand kein besonderes Interesse. Der Fliegerbeobachtungs- und Meldedienst wurde von der Generalstabsabteilung und nicht vom Militärflugdienst «erfunden». Das Fliegerkasino an der Bettlistrasse in Dübendorf spielte eine bedeutende Rolle. Ein tragisches Beispiel ist der Absturz des Flugpioniers Oskar Bider vom 7. Juli 1919. Er kam am frühen Morgen direkt vom Kasino auf den Flugplatz. Der Mechaniker riet ihm ab, das Flugzeug zu besteigen. Er tat es trotzdem und fand danach den Fliegertod.

Die Bewährungsprobe von 1940

Im Laufe des Zweiten Weltkriegs änderte sich das Profil der Militärpiloten. Die Mehrheit der am Krieg beteiligten ausländischen Piloten flog in den strategischen Bomberverbänden, insbesondere bei Nacht, Raids gegen Städte und Industrieanlagen des Feindes. Die Radar- und Navigationstechnik spielten dabei eine wichtige Rolle. Einige schweizerische Militärpiloten erhielten den Auftrag, der widerrechtlichen Benützung des neutralen Luftraumes mit Waffengewalt entgegenzutreten. Sie taten dies mit grossem Mut und Können. Ihre Jagdflugzeuge waren zwar geeignet, verfügten aber über keine Mittel für die Kommunikation untereinander und mit den Bodenleitstellen. Das fliegerische Gefühl der Piloten spielte eine entscheidende Rolle und war bis zum Ende des 20. Jahrhunderts das hauptsächliche Kriterium bei der Auswahl der schweizerischen Militärpiloten. Für die Neutralitätseinsätze vom Mai und Juni 1940 erhielten die Piloten innerhalb der Armee und in der Öffentlichkeit eine hohe Anerkennung.

Weltspitze

Nach meinen persönlichen Erlebnissen, Erfahrungen und Beobachtungen in den vergangenen 30 Jahren besitze ich von der Einsatzbereitschaft, dem Einsatzwillen und von der Qualität der Schweizer Militärpiloten eine hohe Achtung und Wertschätzung. Die Schweizer Berufsmilitärpiloten gehören zur Weltspitze der Militärpilotenkorps.

Kommandanten und Piloten

Die weitverbreitete Ansicht, der Kommandant der Flieger- und Fliegerabwehrtruppen beziehungsweise der Luftwaffe müsse ein Pilot sein, ist allerdings falsch. Es handelt sich um ein Beispiel, wie sich das idealisierte Bild einer Berufsgruppe auf die öffentliche Meinung auswirken kann. Dem Kommandanten obliegt eine sehr anspruchsvolle Führungsaufgabe. Talente in der Menschenführung und in der Kommunikation, umfassende Kenntnisse der operativen und technischen Abläufe, Überblick über die sicherheitspolitischen Gesamtzusammenhänge sind die Anforderungen, welche ein Militärpilot nicht einfach a priori erfüllt. Natürlich kann auch ein Pilot diese Aufgaben ausüben, sofern er die notwendigen Voraussetzungen dazu mitbringt.

Der Aufbau der Flieger- und Fliegerabwehrtruppen: eine Herkulesaufgabe in schwierigem Umfeld

Was dem ersten Kommandanten der Flieger- und Fliegerabwehrtruppen bevorstand, war eine herkulische und fast unlösbare Aufgabe in einem schwierigen und teilweise feindlich gesinnten Umfeld:

- Die Schaffung einer Verwaltungs- und Führungsstruktur aus dem Nichts.
- Die Ausrüstung der Fliegertruppe mit kriegstüchtigen Flugzeugen mit der Altlast früherer fragwürdiger Entscheide.
- Der Aufbau der Fliegerabwehr von null mit den Querelen in den Kaliber-, Unterstellungs- und Führungsfragen.
- Die Konflikte mit der kriegstechnischen Abteilung. Deren Chef, Artillerieoberst Robert Fierz, beanspruchte für sich, in Bewaffnungs- und Kriegsmaterialfragen über das einzig richtige Urteil zu verfügen. Er mischte sich in operative Fragen ein. Die kriegstechnische Abteilung war gleichzeitig Entwickler, Hersteller, Kontroll- und Abnahmestelle. Für die Produktion von Militärflugzeugen hatte sie das Monopol und sträubte sich gegen Beschaffungen im Ausland und gegen die Förderung einer schweizerischen Flugzeugindustrie.
- Der Aufbau einer kriegstauglichen Infrastruktur, die erst in Ansätzen vorhanden war.
- Die technische Unlösbarkeit der Luftlageerfassung und -darstellung sowie der Kommunikation mit den verfügbaren Mitteln. Erschwerend wirkte sich die Kompetenz des Chefs der Abteilung für Genie für alle Übermittlungsfragen, inklusive Flugfunk, aus.
- Die Einordnung der bisher kaum geführten Fliegertruppe in eine geordnete Kommandoführung.

Oberstdivisionär Hans Bandi nahm seine schwere Aufgabe als Wegbereiter der Luftwaffe mit grossem Ernst und enormer Hingabe in Angriff. Er hatte eine klare Vorstellung der notwendigen Bedürfnisse, wie er sie im Memorial Luftschutz beschrieben hatte.

Die Zeit von 1937 bis August 1939

Hinweise zur Führungsstruktur

In seiner «Eingabe»[12] vom 15. Januar 1947 beschrieb Hans Bandi seine Vision einer Kompetenzordnung für das Kommando der Flieger- und Fliegerabwehrtruppen. Die realen Verhältnisse während seiner Kommandozeit entsprachen nicht diesen Vorstellungen.

Als Kommandant und Waffenchef der Flieger- und Fliegerabwehrtruppen war Oberstdivisionär Hans Bandi ab 14. Oktober 1936 dem Chef des Eidgenössischen Militärdepartements unterstellt. Seinem Antrag vom 4. Januar 1939 um Einsitznahme in die Landesverteidigungskommission wurde nicht stattgegeben. Dieses Gremium war das Leitungsorgan der Armee. Unter dem Vorsitz des Chefs des Eidgenössischen Militärdepartements waren 1937 der Chef der Generalstabsabteilung, die drei Kommandanten der Armeekorps und der Waffenchef der Infanterie Mitglieder der Kommission. Heinrich Roost, der als Chef der Generalstabsabteilung das Memorial Luftschutz mitgestaltet und in die Tat umgesetzt hatte, war im Juni 1936 verstorben. Sein Nachfolger, Jakob Labhart (*1981 †1949), ehemaliger Instruktionsoffizier der Artillerie, war früher zusammen mit Hans Bandi Sektionschef in der Generalstabsabteilung. Wie die anderen Mitglieder der Landesverteidigungskommission hatte er aber keine besonderen Kenntnisse der Luftkriegsführung. Obwohl Hans Bandi dem Departementsvorsteher unterstellt war, gab es keinen institutionalisierten Kontakt mit seinem Vorgesetzten[13]. Mit Bundesrat Rudolf Minger hatte er aber eine gute informelle Beziehung, welche er in seiner «Eingabe» wie folgt beschrieb: «... Schwierigkeiten konnten ... teilweise nur deshalb überwunden werden, weil der Vorsteher des Eidgenössischen Militärdepartements mir immer

---

[12] Bandi, H., Eingabe, 1947.

[13] In den 1980er-Jahren war der Kommandant der Flieger- und Fliegerabwehrtruppen Mitglied der Leitungsorgane des Eidgenössischen Militärdepartements (Kommission für militärische Landesverteidigung, Leitungsstab, Rüstungsausschuss).

wieder Gelegenheit geboten hatte, ihm in persönlichem Kontakt die Anliegen und Begehren, welche den Aufbau und die Bereitschaft der beiden jungen Waffen betrafen, vorzutragen und zu begründen.»

Die Aufrüstung der Flieger- und Fliegerabwehrtruppen

Unter dem Damoklesschwert der gefährlich kurz gewordenen Vorwarnzeit entstand die Botschaft des Bundesrates zur «Verstärkung der Landesverteidigung und Einführung einer neuen Truppenordnung» vom 17. April 1936. Sie nahm innert einer Woche die Hürden des Parlamentes. Es wurde ein Kredit von insgesamt 265 Millionen Franken gutgeheissen. In dieser Summe waren die folgenden Positionen in runden Zahlen (Millionen Franken) enthalten:

- Passiver Luftschutz   13
- Flugzeuge   65
- Aktiver Luftschutz   50
- Infanterie, Kavallerie, Grenzschutz   35
- Artillerie   36
- Festungsanlagen   35
- Kriegsmaterialverwaltung   25

Ende März 1936 legte der Militärflugdienst der Generalstabsabteilung ein Exposé über die Flugzeugbeschaffung vor. Ausser allgemeinen Erwägungen und der Forderung nach einem Bestand von 300 Flugzeugen waren in diesem Dokument keine konkreten Vorschläge zu finden. Am 30. März 1936 ermächtigte der Bundesrat das Eidgenössische Militärdepartement, 40 Flugzeuge C-35 zu beschaffen. Was mit dem Rahmenkredit von 65 Millionen Franken weiter zu geschehen habe, war offen.

Für den aktiven Luftschutz (Fliegerabwehr) war in der Botschaft die Ausrüstung von 10 neu zu bildenden Regimentern mit dem notwendigen Schul- und Reservematerial vorgesehen. Insgesamt sollte das Material für 10 Abteilungen mit 7,5-cm-Kanonen in 30 Flugabwehrbatterien und 21 Abteilungen mit «überschweren Maschinengewehren» in 63 Batterien sowie für 10 Scheinwerferkompanien mit je vier Scheinwerfern und zwei Horchgeräten beschafft werden.

Materialbeschaffungen für die Fliegertruppen

Mit dem Erwerb von Ein- und Zweisitzerschulflugzeugen vom deutschen Bücker-Flugzeugwerk im Jahr 1936 erfuhr die Pilotenausbildung eine wesentliche Verbesserung. Die Flotte umfasste 84 Bü-131 B «Jungmann» und 52 Bü-133 C «Jungmeister», die zum grössten Teil durch die Firma Doflug Altenrhein in Lizenz gebaut wurden.

Für den Kommandanten der Flieger- und Fliegerabwehrtruppen stand nach seinem Amtsantritt die Beschaffung eines Jagdflugzeugs im Vordergrund.

Im März 1937 konnte das deutsche Jagdflugzeug Heinkel He 112 in Dübendorf und im Juli/August 1937 in Thun erprobt werden. Auf die Beschaffung dieses Flugzeugs wurde aus Leistungsgründen verzichtet. Die deutsche Luftwaffe hatte sich nämlich im Jahr 1936 für das Jagdflugzeug Messerschmitt Bf-109 entschieden, welches damals als das weltweit beste Jagdflugzeug galt. Ob durch das Deutsche Reich eine Exportbewilligung erhältlich wäre, stand zu diesem Zeitpunkt nicht fest.

Vom 27. Juli bis 1. August 1937 war Dübendorf Austragungsort des 4. internationalen Zürcher Flugmeetings. Dieser Anlass gestaltete sich zur grossen Heerschau der europäischen Militärluftfahrt vor dem Zweiten Weltkrieg. Sechs erstmals vorgeführte Messerschmitt-Bf-109-Jagdflugzeuge überragten bezüglich der Leistung alle anderen anwesenden Flugzeuge und dominierten das Meeting. Die deutsche Equipe mit insgesamt 36 Luftfahrzeugen erkämpfte sich in allen Disziplinen den ersten Preis. Einzige Ausnahme war die internationale Staffelkonkurrenz, welche von der Tschechoslowakei vor Italien gewonnen wurde.

In den Monaten Juli und November 1937 konnten in Frankreich die Flugzeuge Morane-Saulnier 405 und Potez 63 erprobt werden.

Im November 1937 erfolgte in Frankreich die Beschaffung von zwei Flugzeugen Morane-Saulnier 405 sowie der Abschluss eines Lizenzabkommens für den Bau von 50 Flugzeugen dieses Typs durch die kriegstechnische Abteilung. Ferner wurden zwei Flugzeuge Potez 63 bestellt. Am 10. Dezember 1937 segnete der Bundesrat diese Vereinbarungen ab. Damit war der Lizenzbau von 80 Morane D-3800 in die Wege geleitet.

Mehrere Vorstösse von Nationalrat Gottlieb Duttweiler beschäftigten die eidgenössischen Räte und den Bundesrat im Jahr 1938. Er forderte die Beschaffung von 1000 Kampfflugzeugen. Die Ideen waren kaum zu verwirklichen, was das Eidgenössische Militärdepartement in seinen Stellungnahmen darlegte. Sie förderten jedoch den Willen zum Ausbau der Fliegertruppen auf einen Bestand von 400 Flugzeugen.

Anfang 1939 erfolgte die Bestellung von drei Transportflugzeugen Junkers Ju-52/3 m g 4 e mit dem Überflug in die Schweiz am 4. Oktober 1939. Diese Luftfahrzeuge wurden zuerst für die Beobachterausbildung und später für Transportzwecke verwendet.

Beschaffung von Messerschmitt-Flugzeugen

Im September 1938 begab sich der Kommandant der Flieger- und Fliegerabwehrtruppen mit einer Delegation zu den Bayerischen Flugzeugwerken nach Augsburg. Das vierplätzige Verbindungs- und Schulungsflugzeug Messerschmitt Me-108 und das Jagdflugzeug Messerschmitt Me-109 konnten mit Zustimmung der «obersten Instanz des Reichsluftfahrtministeriums» von den Schweizer Piloten geflogen werden.

Ebenfalls im September 1938 erprobten Schweizer Piloten in Italien die Flugzeuge Fiat Breda BA.65 und das Schulflugzeug der Fratelli Nardi FN.305. In der Folge wurden zwei Nardi-Flugzeuge beschafft. Nach der Erprobung des Jagdflugzeugs Supermarine Spitfire von Vickers Armstrong Ltd. in England betrachteten die Piloten eine Beschaffung des Typs Messerschmitt Bf-109 als vorteilhafter. Am 13. Oktober 1938 traf ein Lizenzbauvorschlag für das Spitfireflugzeug bei der kriegstechnischen Abteilung ein, auf welches aber nicht eingetreten wurde.

Pro memoria ist die Reise einer Schweizer Delegation in die USA vom November 1938 zur Abklärung des dortigen Marktes für die Beschaffung von Jagdflugzeugen zu erwähnen.

Schon am 21. Oktober 1938 behandelte der Bundesrat den Antrag des Kommandanten der Flieger- und Fliegerabwehrtruppen, welchem der Chef der kriegstechnischen Abteilung «grundsätzlich» zustimmte. Die Beschaffung von 10 Flugzeugen Messerschmitt Me-109 mit Junkersmotor (Bf-109 D-1 «David») und von 30 Flugzeugen Me-109 mit Daimler-Benz-Motor (Me-109 E-3 «Emil») sowie dem notwendigen Reservematerial im Betrag von total 14,6 Millionen Franken fand die Zustimmung der Landesregierung. Am 27. Juli 1939 beschloss der Bundesrat eine Nachfolgebeschaffung von 50 Flugzeugen Me-109 mit Daimler-Benz-Motor im Kostenumfang von 22 Millionen Franken. Dieser Beschluss basierte auf dem Antrag von Hans Bandi. Die kriegstechnische Abteilung hatte Bedenken angemeldet, auf die aber nicht eingetreten wurde. Am 27. April 1940 war die Lieferung der insgesamt 90 Messerschmitt-Jagdflugzeuge Me-109 abgeschlossen.

Zur Umschulung der Piloten auf die neuen Jagdflugzeuge wurden bei den Bayerischen Flugzeugwerken 18 vierplätzige Messerschmitt Me-108 B «Taifun» beschafft. Damit war die Vorschulung der Piloten auf ein modernes Kampfflugzeug der damaligen Zeit sichergestellt. Die 10 Messerschmitt Bf-109 D-1 «David» dienten als ausgezeichnete Trainingsflugzeuge zur Vorbereitung der Piloten für den Einsatz mit dem eigentlichen Kampfflugzeug Me-109 E-3 «Emil». Für den Kampfeinsatz waren der Junkersmotor und die Bewaffnung des Flugzeugs Bf-109 D-1 zu schwach.

Hans Giger[14] berichtet als Zeitzeuge über ein Vergleichsfliegen vom Sommer 1939 auf dem Flugplatz Altenrhein wie folgt:

«Am Boden waren versammelt: Bundesrat Rudolf Minger, die Militärkommissionen der eidgenössischen Räte, der Chef der Generalstabsabteilung, Jakob Labhart, der Chef der kriegstechnischen Abteilung, Robert Fierz, der Kommandant der Flieger- und Fliegerabwehrtruppen, Hans Bandi und der technische Chef der Direktion der Militärflugplätze, Carl Högger.

---

[14] Giger, H., Die materielle Entwicklung aus der Sicht der Unterhaltsorganisation. (Flieger Flab Museum), Dübendorf 2014.

In der Luft waren beteiligt: Major Wilhelm Frey (Me-109 E-3 «Emil»), Oberleutnant Lucien Boudry (Potez 63), Oberleutnant Walter Laederach (Morane MS-406 C-1), Leutnant Hans Giger (C-35).

Wir besammelten uns vom See her auf Linie über dem Pistenanfang. Auf das Kopfnicken von Wilhelm Frey – über ein Funkgerät verfügten wir nicht – gaben wir alle Vollgas. Von unten sahen die Zuschauer wie das Flugzeug Messerschmitt Me-109 E-3 ‹Emil› beschleunigte und uns allen davonflog.»

Diese Vorführung lieferte den sichtbaren Beweis für die Richtigkeit des Beschaffungsentscheides zugunsten des deutschen Jagdflugzeugs Me-109. Dabei ist an dieser Stelle eine Anmerkung notwendig. Die Beschaffung der Messerschmittflugzeuge erfolgte ohne Waffen, Munition und Funkgeräte[15]. Die kriegstechnische Abteilung lieferte die Waffen (Kanonen, Fliegermaschinengewehre, Bomben, ungelenkte Rakete), welche von der Direktion der Militärflugplätze in die Flugzeuge eingebaut wurden. Dabei traten viele technische Schwierigkeiten auf, die zu einem grossen Aufwand unter Zeitdruck und zu Verzögerungen in der Bereitschaft führten.

Die Fliegertruppe übernahm das erste Flugzeug Me-109 E-3 «Emil» am 7. Mai 1939. Das letzte von 80 Flugzeugen traf am 27. April 1940 in Dübendorf ein. Das Ablieferungsprogramm erlitt mehrere Unterbrüche mit Nachverhandlungen über Zahlungsbedingungen und Kompensationslieferungen von Rohstoffen und strategischen Gütern. Die Flotte wurde im Betrieb durch zahlreiche Flugunfälle dezimiert (Start- und Landeunfälle, Motorpannen, Strukturprobleme).

---

[15] Entgegen der ursprünglichen Absicht waren nur die 10 Flugzeuge Messerschmitt Bf-109 D-1 «David» mit einem Funkgerät ausgerüstet.

Flugfunk

Die Kommunikation zwischen den Flugzeugen und mit den Bodenleitstellen war ein ungelöstes Problem[16]. Die Anfänge gehen auf das Jahr 1930 zurück. Mit Langwellenflugfunkgeräten FG I sollten die Beobachter der Zweisitzerflugzeuge in Morsetelegrafie Meldungen an eine Bodenstation übermitteln, was in der Praxis nicht funktionierte. Ab 1935 waren für ein Jahrzehnt Kurzwellenflugfunkgeräte im Einsatz. Mitte August 1939 beantragte das Kommando der Flieger- und Fliegerabwehrtruppen die Beschaffung von 189 französischen Flugzeugfunkgeräten FG IX. Im Mai 1940 standen drei Geräte für die Erprobung zur Verfügung. Sie wurden als ungenügend beurteilt. Da sich die Geräte aus französischer Produktion als unbrauchbar erwiesen, begann 1941 die Herstellung der Funkgeräte in der Schweiz. Im September 1941 waren 22 Flugzeuge mit diesen Geräten ausgerüstet. Die Verfügbarkeit war aber vollkommen ungenügend. Im Frühjahr 1943 begann ein «Normalisierungsprogramm» zur Behebung der Mängel[17]. Ende 1943 waren endlich die 189 Flugfunkgeräte geliefert und in je 28 Flugzeuge Me-109 und D-3800 eingebaut. Der Rest der Geräte war nicht einsatzbereit. Der Sprechfunk zwischen den mit Funk ausgerüsteten Flugzeugen war auf einige Kilometer möglich, sofern die Geräte nicht «ausstiegen». Die Kommunikation mit Bodenleitstellen war nur sehr beschränkt möglich. 1939 waren im Kurzwellenbereich insgesamt 12 mobile Flugfunk-Bodenstationen mit 1,2 Kilowatt Leistung und 10 schwächere Bodenstationen vorhanden. Die Ausbreitungsproblematik der Kurzwellen verstand man damals nicht[18]. Deshalb brachte auch die Installation eines starken Kurzwellensenders

---

[16] Ein raumdeckendes Flugfunksystem stand erst ab 1970 zur Verfügung.

[17] Meine erste «Begegnung» mit der Militärfliegerei fand 1943 im Rahmen dieses Programmes statt. Ich beteiligte mich bei der Autophon AG in Solothurn an der Reparatur und «Normalisierung» von vollkommen ausgebrannten FG-IX-Sendern.

[18] Kurt Bolliger hat am Anfang der 1960er-Jahre in der Schweizer Armee die Kenntnisse zur sicheren Anwendung von Kurzwellenverbindungen verbreitet.

auf dem Fallboden/Kleine Scheidegg im Jahr 1943 nicht die gewünschte Verbesserung im Boden-Luft-Flugfunk.

Ein Systemdenken (System Engineering) war damals und noch für lange Zeit unbekannt[19]. Ein Beispiel ist die schwere Fliegerabwehr. Die kriegstechnische Abteilung kaufte bei verschiedenen Lieferanten Kanonen, Kommandogeräte, Telemeter, Scheinwerfer und Horchgeräte ein, die danach zu einem mehr oder weniger funktionierenden Waffensystem zusammengefügt wurden.

Aufbau der Fliegerabwehr

Im Sommer 1936 führte die Abteilung für Artillerie in Kloten erstmals eine Fliegerabwehrrekrutenschule durch, die einen Bestand von drei Offizieren und 49 Unteroffizieren und Rekruten aufwies. Die Schule begann ohne Material und musste mit viel Improvisationstalent abgewickelt werden. Bei der Schiessverlegung nach Montana-Crans standen je vier 7,5-cm- und 20-mm-Fliegerabwehrkanonen gegen ein Schleppziel, welches von einem Flugzeug des Typs Fokker CV gezogen wurde, im Einsatz.

Im Herbst 1936 wurde ein Kredit von Fr. 30 000.- für Versuche mit Sperrballonen bewilligt. Die Erprobung wurde im Jahr 1937 in Bern durchgeführt. Die zwei Ballone wurden der Abteilung für Flugwesen und Fliegerabwehr übergeben. Dieses Projekt wurde dann nicht weiter verfolgt.

Im Jahr 1937 führte die Abteilung für Flugwesen und Fliegerabwehr zwei Fliegerabwehrrekrutenschulen in der Dauer von je 90 Tagen durch. Die Flieger- und Fliegerabwehroffiziersschule bildete erstmals Fliegerabwehroffiziere aus. Das von der kriegstechnischen Abteilung beschaffte Versuchsmaterial wurde in den Schulen erprobt. Ende 1937 umfasste das Inventar vier 7,5-cm-Fliegerabwehrkanonen von zwei Herstellern, acht 20-mm-Fliegerabwehrkanonen Oerlikon, 3 Tempiermaschinen, vier Fliegerabwehrscheinwerfer Siemens, vier Horchgeräte und zwei Kommandogeräte von je zwei Herstellern.

---

[19] Das Floridasystem war am Ende der 1960er-Jahre das erste Projekt, welches als Gesamtsystem beschafft wurde.

Die acht Fliegerabwehrkanonen Oerlikon 20 mm wurden im Juni 1937 bestellt. Der Einsatz der Waffen in der Herbstrekrutenschule ergab gute Ergebnisse. Im November 1937 stellte der Waffenchef der Flieger- und Fliegerabwehrtruppen den Antrag zur Beschaffung von 28 weiteren Geschützen im Kostenumfang von Fr. 1 434 000.-.

Die kriegstechnische Abteilung stellte sich Ende 1937 mit einer längeren Begründung gegen diesen Antrag. Die Oerlikonkanone sei minderwertig. Für die Ausbildung in den Schulen wäre genügend Material vorhanden. Zitat aus Schreiben der kriegstechnischen Abteilung vom 9. November 1937: «Die Beurteilung der politischen Notwendigkeit ist nicht unsere Sache, wir sind aber absolut überzeugt, dass eine solche heute nicht besteht, denn wir stehen heute einem europäischen Krieg ferner als noch vor wenigen Jahren, sodass es also keinen Zweck hat, aus diesem Grund kostspielige Anschaffungen zu machen, die den effektiven Kriegsanforderungen nicht Genüge leisten und man dann wegen Kreditmangel nicht in der Lage ist, zweckmässiges Material zu beschaffen.» Hans Bandi bemerkte in seiner sehr höflich formulierten Antwort zu dieser krassen Fehlbeurteilung: «Wir beurteilen die weltpolitische Lage etwas weniger optimistisch und legen grössten Wert darauf, so rasch wie möglich einige Fliegerabwehreinheiten aufzustellen.»

Die Anträge der kriegstechnischen Abteilung lauteten:

1. Die Beschaffung von 20-mm-«Oerlikon»-Kanonen sei zurückzustellen.
2. Es seien die Erfahrungen der nächsten Fliegerabwehrrekrutenschulen abzuwarten, insbesondere die Erprobung des zur 34-mm-Kanone entwickelten Kommandogerätes, bevor man über die Beschaffung von weiteren Waffentypen einen Entscheid treffe.

Der Waffenchef der Flieger- und Fliegerabwehrtruppen wies in einer ausführlichen Stellungnahme diese Anträge zurück und legte eine Aufstellung über die Verwendung von Fliegerabwehrmitteln – speziell der 20-mm-Fliegerabwehrkanonen – in 27 ausländischen Armeen vor.

In einer vom Generalstabschef einberufenen Konferenz mit Anwesenheit des Chefs des Eidgenössischen Militärdepartements wurde der Antrag des Kommandanten und Waffenchefs der Flieger- und Fliegerabwehrtruppen zur Beschaffung von 28 weiteren Fliegerabwehrkanonen Oerlikon 20 mm gutgeheissen.

Nach der Erprobung der zwei Gerätetypen in den Rekrutenschulen bewilligte der Chef des Eidgenössischen Militärdepartements am 11. September 1937 die Beschaffung von 15 Kommandogeräten des Typs Gamma in Ungarn. 14 weitere Geräte sollten, teilweise mit Originalteilen aus Ungarn, in der Schweiz hergestellt werden.

Auch im Jahr 1938 wurden zwei Fliegerabwehrrekrutenschulen durchgeführt und in der Offiziersschule Fliegerabwehroffiziere ausgebildet.

Die Kaliberkontroverse

Am 16. Februar 1938 teilte der Chef der kriegstechnischen Abteilung der Abteilung für Flugwesen und Fliegerabwehr die Bereitschaft einer 34-mm-Fliegerabwehrbatterie für die Verwendung in der Frühjahrsrekrutenschule mit. Das Material stand für die Ausbildung einer entsprechenden Schulbatterie zur Verfügung.

Ende 1938 ermächtigte das Eidgenössische Militärdepartement die kriegstechnische Abteilung, 60 34-mm-Fliegerabwehrkanonen «für den Schutz der Regiebetriebe» herzustellen. Hans Bandi erhob gegen diesen Entscheid mit einer ausführlichen Begründung Einsprache. Er war von der Wirkung der neuen Waffe nicht überzeugt. Ausserdem widerspreche die Ermächtigung der Regiebetriebe zu einem eigenen Fliegerabwehrschutz mit einem Kaliber, welches von der Armee abgelehnt werde, allen organisatorischen Grundsätzen. Im Januar 1939 lehnte das Eidgenössische Militärdepartement diese Einsprache ab. Die Kontroverse um die Kaliberfrage schwelte jedoch, teilweise in gehässigen Auseinandersetzungen, weiter.

Die folgenden Zitate sind der «Eingabe»[20] von Hans Bandi entnommen.

«(Die kriegstechnische Abteilung) widersetzte sich mit einer ‹grundsätzlichen Einstellung in Bezug auf das Kaliber› in den Jahren 1937 und 1938 durch Monate hindurch der Anschaffung von Oerlikon-Geschützen des Kalibers 20 mm. Ihre Gegnerschaft begründete sie einerseits mit dem Hinweis auf ein bei der Waffenfabrik in Konstruktion befindliches, besseres Geschütz des gleichen Kalibers, das jedoch erst gegen Ende 1939 geliefert werden konnte; andererseits behauptete sie, ‹dass das 20-mm-Kaliber unter keinen Umständen das 34-mm-Kaliber ersetzen kann›, welches sie auf eigene Faust entwickelt und in die Fabrikation gegeben hatte, obwohl seine Verwendung als Armeemodell von der Landesverteidigungskommission in der Folge ausdrücklich abgelehnt wurde.»

«In diesem Zusammenhang wagte es der damalige Chef der kriegstechnischen Abteilung sogar, in einem am 23. April 1940 an den Vorsteher des Eidgenössischen Militärdepartements gerichteten Brief gegen mich einen beispiellosen und ungeheuerlichen persönlichen Angriff zu führen, der freilich die bestimmte Zurückweisung durch den Oberbefehlshaber der Armee erfuhr.»

Die Entwicklung des Fliegerbeobachtungs- und Meldedienstes

Nach verschiedenen praktischen Versuchen in den Jahren 1928 bis 1934 erhielt der Fliegerbeobachtungs- und Meldedienst mit der bundesrätlichen Verordnung vom 12. Januar 1934 erstmals eine rechtliche Grundlage. Der Dienst war im Frieden der Generalstabsabteilung und im Kriege dem Armeekommando unterstellt.

Mit dem Stichwort «Fliegermeldung» wurden die Beobachtungen an die nächste Zivilzentrale gemeldet. Die Telefonistin gab diese Meldungen als «dringendes Gespräch» an eine Auswertezentrale weiter. Dieses Verfahren erwies sich als unbrauch-

---

[20] Bandi, H., Eingabe, 1947.

bar. Daher erfolgte im Jahr 1936 die Einführung des sogenannten C-Netzes. Es handelte sich dabei um ein von den
Telefondirektionen sternförmig fest geschaltetes Drahtnetz,
welches die aktiven Beobachtungsposten mit den nächstgele-
genen Auswertezentralen verband und kaskadenförmig die
Zentrale an der Effingerstrasse 35 in Bern erreichte.

In den Jahren 1937 und 1938 fanden zweitägige Übungen der
163 Fliegerbeobachtungsposten und der 36 Auswertezentralen
statt. Die Übungsdauer erwies sich als zu kurz und die Bestände an Offizieren und Mannschaften waren für einen länger
dauernden Einsatz zu klein.

Am 16. Dezember 1938 wurde der Fliegerbeobachtungs- und
Meldedienst ein Dienstzweig der Fliegertruppe. Die Unterstellung unter die Generalstabsabteilung und unter die Territorial-
kommandanten blieb jedoch weiter in Kraft.

Im August 1939, zwei Wochen vor der Mobilmachung, rückten
die Mannschaften der damals 216 Beobachtungsposten, 35
Auswertezentralen und 38 Telefonzentralen des C-Netzes zu
einer fünftägigen Übung ein.

Schon am 1. September 1939, zwei Tage nach dem Einrücken
zur Kriegsmobilmachung, erliess der Bundesrat eine neue
Verordnung über die Organisation des Fliegerbeobachtungs-
und Meldedienstes. Es erfolgte die vollständige Unterstellung
unter die Abteilung für Flugwesen und Fliegerabwehr beziehungsweise unter das Kommando der Flieger- und Fliegerabwehrtruppen. Die Organisation und die Ausbildung dieses für
den Einsatz wichtigen Dienstes erfuhren damit eine wesentliche Verbesserung.

Besondere Ereignisse im Jahr 1937

Die Aufbauarbeit, welche Hans Bandi geleistet hatte, ist heute
noch beeindruckend. Als Chef der Abteilung für Flugwesen
und Fliegerabwehr organisierte er in Bern eine Verwaltungs-
struktur mit drei Sektionen. Als Waffenchef musste er zusammen mit den kleinen Instruktionskorps und dem Waffenplatz-
kommando Dübendorf die Truppenausbildung vollständig neu
gestalten. Für die praktische Erprobung von Flugzeugen und
Ausrüstungen sowie die Entwicklung von taktischen und aus-

bildungstechnischen Grundlagen bildete er in Dübendorf eine Lehrstaffel. Für diese Belange konnte er auf die Unterstützung der gut geführten Direktion der Militärflugplätze zählen. Als Kommandant der Flieger- und Fliegerabwehrtruppen kreierte er eine neue Truppenordnung der Fliegertruppe und die Grundlagen für die Gründung der Fliegerabwehrtruppen.

Mit sechs Zielen hat Hans Bandi die vordringlichen Aufgaben klar und einfach beschrieben.

Besondere Ereignisse im Jahr 1938

Eine neue Truppenordnung der Fliegertruppe, die bis Ende 1943 gültig blieb, trat am 1. Januar 1938 in Kraft. Sie umfasste 21 Fliegerkompanien, welche in sieben Fliegerabteilungen und drei Fliegerregimenter gegliedert waren. Als Regimentskommandanten wurden Oberstleutnant Edgar Primault, Oberst Otto Glauser und Oberst Friedrich Rihner eingesetzt. Die militarisierte Direktion der Militärflugplätze erhielt die Bezeichnung Armeeflugpark mit Oberstleutnant Walter Burkhard als Kommandant. Neu war die Unterstellung des Fliegerbeobachtungs- und Meldedienstes. Otto Glauser war für diesen Dienst verantwortlich.

Für die Fliegerabwehrtruppe bestand noch kein organisatorischer Rahmen. Nach vielen Improvisationen wurde erst im März 1943 eine Truppenordnung vom Oberbefehlshaber genehmigt.

Im Herbst 1938 kam in Dübendorf erstmals eine Funkerrekrutenschule mit Carl Wuhrmann als Kommandant zur Durchführung. Die Fliegerrekrutenschulen fanden neu in Payerne statt.

27. August 1938: Unglück der Fliegerkompanie 10 in den Heubergen. Vier von fünf Fokker-CV-E-Flugzeugen kollidierten bei schlechtem Wetter mit dem Gelände. Hauptmann Baccilieri und sechs Besatzungsmitglieder fanden den Tod.

Besondere Ereignisse bis zur Mobilmachung im Jahr 1939

1939 beschaffte die Schweizerische Eidgenossenschaft drei Flugzeuge des Typs Ju-52/3m g4e mit BMW-Motoren des Typs 132 A/3. Im April erfolgte die Erprobung eines Vorführflugzeugs, im Mai konnte nach der Zustimmung des Bundesrates der Liefervertrag abgeschlossen werden. Vom 29. September bis 4. Oktober 1939 führte die kriegstechnische Abteilung in Dessau die Abnahme der Flugzeuge durch. Am 10. Oktober 1939 wurden die drei Flugzeuge formell an die Fliegertruppen weitergereicht. Der Verwendungszweck war zuerst die Beobachterausbildung und später der Lufttransport.

Die Flugversuche mit zwei Jagdflugzeugen Morane-Saulnier MS-406 verliefen positiv. Am 3. Juni 1939 beauftragte der Bundesrat die kriegstechnische Abteilung mit dem Lizenzbau einer Nullserie von acht Flugzeugen.

Am 1. Juli 1939 war der Flugplatz Emmen mit einer Flugzeughalle einsatzbereit und am 8. Juli 1939 konnte der Flugplatz Locarno-Magadino eröffnet werden.

Am 28. August 1939 erfolgte die Mobilmachung der Flieger- und Fliegerabwehrtruppen.

Fazit für die Zeit von 1936 bis August 1939

Die schweizerische Offiziersgesellschaft erwirkte mit ihrer Eingabe vom 14. Mai 1935 für die Schaffung eines wirkungsvollen und zentral geführten «Luftschutzes» die Ausarbeitung des Memorial Luftschutz durch die Generalstabsabteilung. Das Dokument gelangte Anfang 1936 in die Hände von Bundesrat Rudolf Minger. Dieser sorgte für die rasche Umsetzung der Anträge. Am 14. August 1936 ernannte der Bundesrat Hans Bandi zum Nachfolger von Oberst Philippe Bardet als Kommandant des Fliegerwaffenplatzes Dübendorf. Der 13. Oktober 1936 ist das Geburtsdatum der Flieger- und Fliegerabwehrtruppen. Der Bundesrat hatte an der damaligen Sitzung die Bildung einer Abteilung für Flugwesen und Fliegerabwehr beschlossen. Ferner wählte er Hans Bandi zum Kommandanten und Waffenchef der Flieger- und Fliegerabwehrtruppen.

Was danach bis zum Ausbruch des Zweiten Weltkriegs am 1. September 1939 geschah, ist auch heute noch bemerkenswert:

- Organisatorisch: der Aufbau einer Abteilung für Flugwesen und Fliegerabwehr an der Effingerstrasse 35 in Bern, des Stabes der Flieger- und Fliegerabwehrtruppen und einer

Lehrstaffel in Dübendorf; eine neue Truppenordnung für die Fliegertruppe; der Beginn des Aufbaus einer Fliegerabwehrtruppe.

- Materiell: die Beschaffung von Kampfflugzeugen Me-109, von Schulflugzeugen Bücker und Me-108, von Transportflugzeugen Ju-52, von 20-mm-Fliegerabwehrkanonen Oerlikon, von Versuchsmaterial für die 7,5-cm-Fliegerabwehr.
- Funktional: die Neugestaltung der Ausbildung der Flieger- und Fliegerabwehrtruppen sowie der Luftlageerfassung mit dem Fliegerbeobachtungs- und Meldedienst.

Führungsmässig war der erste Kommandant und Waffenchef der Flieger- und Fliegerabwehrtruppen, Oberstdivisionär Hans Bandi, mit vielfältigen Problemen und einem ihm gegenüber kritisch eingestellten persönlichen Umfeld belastet:

- Ablehnung seiner Person aus den Reihen der Fliegerinstruktoren.
- Widerstände gegen seine Beschaffungspläne durch den Chef der kriegstechnischen Abteilung.
- Zeitverzögerungen in der Zuführung neuer Flugzeuge und Waffen.
- Schwierigkeiten beim Aufbau der Milizformationen, insbesondere bei der Fliegerabwehrtruppe.
- Zahlreiche Flugunfälle, wie zum Beispiel das Unglück vom 27. August 1938 in den Heubergen.

Die Zeit des Aktivdienstes

Am 28. August 1939 erfolgte die Mobilmachung der Flieger- und Fliegerabwehrtruppen. Am 30. August wählte die Vereinigte Bundesversammlung Henri Guisan zum General und Oberbefehlshaber der Schweizer Armee. Der zivile Luftverkehr im schweizerischen Luftraum wurde verboten.

Führungsproblematik

Nach dem Beginn des Aktivdienstes der Armee im September 1939 wechselte die Unterstellung der Flieger- und Fliegerabwehrtruppen vom Departementsvorsteher zum Oberbefehlshaber. Nach den verfügbaren Unterlagen gab es keine institutionalisierten Begegnungen zwischen General Henri Guisan und Hans Bandi. Der Kommandant der Flieger- und Fliegerabwehrtruppen wurde zu gelegentlichen «Konferenzen» des Generals beigezogen. Der General machte einige Besuche bei den Flieger- und Fliegerabwehrtruppen. Im Übrigen beschränkte sich die Beziehung auf den Schriftverkehr.

Mit dem Erscheinen von Bernard Barbey als Chef des persönlichen Stabes des Generals verschlechterte sich die Position von Hans Bandi beträchtlich. Hans Senn[21] beschreibt die grundlegende Situation wie folgt:

«General Guisan konnte anfänglich nicht uneingeschränkt Offiziere seiner Wahl, denen er fest vertraute, in die entscheidenden Positionen bringen. Gewisse Kreise fochten seine Autorität an. Er empfand namentlich die fachliche Kompetenz des Generalstabes, verbunden mit der Eigenmächtigkeit von dessen Chef, als Gefahr für seine Stellung. Kein Wunder, dass er argwöhnisch über seinen Prärogativen als Oberbefehlshaber wachte. Ein ihm ergebener, aus fähigen und ehrgeizigen Mitarbeitern zusammengesetzter persönlicher Stab unterstützte ihn bei diesen Bestrebungen und bestärkte seinen Willen, Herr im Hause zu bleiben. Wenn sich operative Lagebeurteilungen aufdrängten, ergriff der Oberbefehlshaber die Initiative, indem er genaue Vorgaben machte, wie die Probleme angegangen werden mussten. Die darauf basierenden Studien und Anträge des Generalstabes liess er eingehend überprüfen, seine eigenen Entschlüsse schriftlich formulieren. Auf diese Weise behielt er die Willensbildung fest in seiner Hand. Die Entscheide wurden nicht im Rahmen einer abschliessenden Unterredung zwischen Oberbefehlshaber und Chef des Generalstabes zur letzten Reife gebracht. Den massgebenden Einfluss übte der Chef des persönlichen Stabes aus. Der General pflegte aristokratische Umgangsformen. Er und sein persönlicher Stab lebten wie verschworene Glieder einer Familie eng zusammen. Aussenstehende gewannen den Eindruck eines Hofstaates, der den Oberbefehlshaber vor unerwünschten Kontakten ab-

---

[21] Senn, H., Der Schweizerische Generalstab, Volume VII, Seite 30. (Helbling und Lichtenhahn Verlag AG), Basel 1995.

schirmte. Der Generalstab wurde auf Distanz gehalten. Oberstkorpskommandant Labhart fühlte sich dadurch zurückgesetzt, empfand aber seinerseits kein Bedürfnis zu häufigen Kontakten, da er sich nicht in die Ausübung seiner Funktion hineinreden lassen wollte. Unter diesen Umständen konnte sich kein richtiges Vertrauensverhältnis zwischen den beiden ranghöchsten Offizieren der Armee bilden. Sie lebten sozusagen in «getrennter Ehe» nebeneinander statt miteinander. Das änderte sich auch nach der Ersetzung Jakob Labharts durch Jakob Huber[22] nicht grundlegend. Der Konflikt wurde bloss entschärft.»

Was hier über die Beziehung des Generals zum Chef des Generalstabes steht, galt für den Kommandanten der Flieger- und Fliegerabwehrtruppen in verstärktem Masse. Aus dem Tagebuch von Bernard Barbey[23] geht dessen tiefe Abneigung gegen Hans Bandi hervor, die vermutlich aus den Kreisen der Militärpiloten (nach Barbey: Fliegerkameraden, Jungtürken) erzeugt und geschürt wurde. Die Tätigkeiten und Eingaben des Kommandanten der Flieger- und Fliegerabwehrtruppen wurden durch Barbey zuhanden des Generals durchwegs negativ interpretiert. Henri Guisan hatte selber keine Affinität zur Luftkriegsführung und nur einen sehr losen Kontakt zu seinem direkt Unterstellten. Sein unerschütterliches Vertrauen in Bernard Barbey hat ihm in diesem Fall einen Streich gespielt.

Wenn von der «Isolation» des Kommandanten der Flieger- und Fliegerabwehrtruppen gesprochen wurde, entstand diese ins-

---

[22] Jakob Huber (*1983 †1953), ehemaliger Instruktionsoffizier der Artillerie, war seit 1937 Unterstabschef in der Generalstabsabteilung. Am 23. März 1940 setzte ihn General Guisan als Generalstabschef ein. Der Vorgänger, Jakob Labhart, blieb Chef der Generalstabsabteilung. Zusätzlich wurde ihm das Kommando des neuen 4. Armeekorps übertragen. Mit Jakob Huber hatte Hans Bandi eine gute Beziehung.

[23] Barbey, B., Fünf Jahre auf dem Kommandoposten des Generals. Tagebuch des Chefs des persönlichen Stabes General Guisans 1940–1945. (Verlag Herbert Lang & Cie), Bern 1948.

besondere durch diese Zustände. Hans Bandi muss sich wohl des Öfteren einsam und verlassen gefühlt haben.

Die Fliegertruppe im Aktivdienst

Am 29. August 1939 begann für die Fliegertruppe der Aktivdienst. Mit Ausnahme der Flugzeuge Messerschmitt Me-109 waren alle übrigen Flugzeuge den ausländischen Kriegsflugzeugen gleicher Verwendungsklasse leistungsmässig unterlegen.

Von 21 Fliegerkompanien waren bei der Mobilmachung drei bedingt kriegstüchtig, fünf verfügten über keine Flugzeuge. Auf 14 Flugplätzen wurden von der Truppe insgesamt die folgenden Flugzeuge übernommen:

- 12 Messerschmitt Me-109 E-3 «Emil» (kriegstüchtig), 6 Messerschmitt Bf-109 D-1 «David» (infolge der schwachen Bewaffnung nur bedingt kriegstüchtig).
- 33 C-35, 36 Dewoitine D-27 III, 27 Fokker CV-E (96 nicht kriegstüchtige Flugzeuge).

Verteilung der Flugzeuge auf die Flugplätze:

- Je 6 Messerschmitt Me-109 E-3 «Emil» in Dübendorf und Thun.
- 6 Messerschmitt Bf-109 D-1 «David» in Payerne.
- Je 9 C-35 in Belp, Bleienbach, Bözingen, Mollis, Riaz, Spreitenbach.
- Je 9 Dewoitine D-27 III in Dübendorf, Grenchen, Kloten, Lausanne.
- Je 9 Fokker CV-E in Belp, Ems, Utzenstorf.

Die Tabelle 2 zeigt die Entwicklung des Flugzeugbestandes der Fliegertruppe im Laufe des Aktivdienstes.

Flugzeuge	Bestand (Anzahl) per Ende Jahr							
	08.1939	1939	1940	1941	1942	1943	1944	08.1945
Dewoitine D-27*	58	56	52					
Fokker CV-E*	40	40						
C-35*	80	77	74	67	72	72	69	69
Bf-109 D-1*	10	10						
Me-109 E-3	28	53	77	77	73	72	71	71
Me-109 G							12	12
D-3800/01		9	81	77	76	74	74	73
C-3603					49	104	138	133

*) nicht oder bedingt kriegsgenügend.

Tabelle 2: Bestandentwicklung der Kriegsflugzeuge

Die besonderen Ereignisse vom Mai und Juni 1940

Hans Senn[24] beschreibt die Operationen zur Wahrung der
Lufthoheit, die sich im Mai 1940 abspielten, treffend wie folgt:
«Die einzigen Wehrmänner, die sich im Kampf mit dem Geg-
ner zu messen hatten, waren unsere Jagdpiloten. Ernst Wetter
hat ihnen in seinem Werk ‹Duell der Flieger und der Diplomaten› ein Denkmal gesetzt. Im Frühjahr 1940 besass unsere
Flugwaffe zwar gegen 300 Flugzeuge, doch nur ein Viertel
davon, nämlich die rund 70 Kampfflugzeuge Messerschmitt
Me-109 E-3, kam leistungsmässig an die ausländischen
Kampfflugzeuge heran. Über die noch sehr störanfälligen
Bordfunkgeräte verfügten in der Regel nur die Patrouillenfüh-
rer, was die gegenseitige Information und die Führung im Luftkampf stark erschwerte.

Ende März 1940 erteilte der Oberbefehlshaber dem Kommandanten der Flieger- und Fliegerabwehrtruppen den Befehl, ins
schweizerische Hoheitsgebiet eingedrungene Flugzeuge der
kriegsführenden Mächte ohne vorangehende Warnung zu be-

---

[24] Senn H., Der schweizerische Generalstab, Seiten 212 bis 214,
1995.

schiessen. Anlässlich der zweiten Generalmobilmachung wurde zudem das Verbot, in Grenznähe zu fliegen, aufgehoben. Am 10. Mai 1940 eröffnete erstmals ein Schweizer Pilot das Feuer auf einen deutschen Jagdbomber, der über die Grenze entwich. Am gleichen Tag beschoss eine schweizerische Jagdpatrouille ein deutsches Aufklärungsflugzeug in der Ostschweiz. Es landete schwer beschädigt auf dem deutschen Ufer des Bodensees.

Auf ihren Hin- und Rückflügen nach Frankreich benützten deutsche Bombergeschwader oft schweizerisches Hoheitsgebiet. Von Mitte Mai bis Anfang Juni 1940 gelang es unsern Jägerpatrouillen, über dem Jura zwei Heinkelflugzeuge abzuschiessen, eines zur Notlandung zu zwingen und drei weitere zu beschädigen. Um Vergeltung zu üben, versuchten am 4. Juni 1940 28 Flugzeuge Messerschmitt Me-110 unsere Piloten hart an der Landesgrenze in Luftkämpfe zu verwickeln. Schweizerischerseits nahmen 16 Jäger und ein Aufklärer die Herausforderung an. In dieser ersten grösseren Luftschlacht verlor die deutsche Luftwaffe zwei Flugzeuge Me-110. Ein schweizerisches Kampfflugzeug Me-109 E-3 wurde samt ihrem Piloten, Leutnant Rickenbacher, abgeschossen. Zahlreiche Flugzeuge beider Parteien erlitten Beschädigungen. Am 8. Juni wiederholte sich die Provokation durch die deutsche Luftwaffe in der gleichen Grössenordnung. Es begann mit dem Abschuss eines schweizerischen Flugzeugs C-35. Die Besatzung hatte einen Grenzüberwachungsauftrag auszuführen. Der Pilot Meuli und der Beobachter Gürtler wurden tödlich verletzt. Rachedurstig stürzten sich 15 schweizerische Jäger in den Kampf. Die Deutschen bildeten einen Turm aus mehreren Stockwerken, in den sie die Schweizer hineinzulocken versuchten, was denn auch zum Teil gelang. Dennoch schlug die Vergeltungsaktion fehl. Deutscherseits gingen drei Flugzeuge verloren. Ein Schweizer Pilot musste schwer verletzt notlanden. Zahlreiche Flugzeuge wiesen Schusslöcher auf.

In den ersten vier Wochen des Westfeldzuges betrug das Verhältnis der Ausfälle 11:3 zugunsten der Schweiz. Divisionär Wetter folgerte: ‹Ohne in nationale Euphorie zu fallen, darf behauptet werden, dass unsere Jagdpiloten einen Kampfgeist entwickelten, der den deutschen Besatzungen mindestens ebenbürtig, wenn nicht gar überlegen war. Sie besassen im Kampfflugzeug Messerschmitt Me-109 E-3 ein ausgezeichnetes, wendiges Abwehrflugzeug.› Trotz des Fehlens eigener Kriegserfahrung waren sie gut ausgebildet und verfügten über die besondern Eigenschaften, die den guten Jagdflieger auszeichnen: ‹blitzschnelles Erfassen der Lage, hohe Schiessfertigkeit und fliegerisches Können, aber auch Einsatzfreudigkeit und Furchtlosigkeit, ohne dem Leichtsinn zu verfallen; überdies mit einer inneren Triebfeder, den Auftrag zu erfüllen und sich unter Lebensgefahr einzusetzen.› Die Piloten, die sich hervortaten, stammten mit einer Ausnahme aus der Miliz. Sie verfügten bloss über einige hundert Stunden Flugerfahrung.

Dem Duell der Flieger folgte das Duell der Diplomaten. Am Abend des 6. Juni 1940 übergab der deutsche Gesandte Köcher dem Vorsteher des politischen Departementes, Bundespräsident Pilet-Golaz, eine geharnischte Note der Reichsregierung. Diese protestierte gegen die Angriffe schweizerischer Flieger auf deutsche Flugzeuge, die sich grösstenteils im französischen Luftraum befunden oder die schweizerische Lufthoheit bloss irrtümlich verletzt hätten. Sie verlange Schadenersatz und eine Entschuldigung durch den Bundesrat. Das politische Departement stellte in seiner Antwort vom 8. Juni 1940 die Fliegerzwischenfälle aus schweizerischer Sicht dar. Es erklärte namentlich, dass kein schweizerisches Flugzeug den französischen Luftraum berührt habe, und schlug die Einsetzung einer unabhängigen Untersuchungskommission zur Abklärung der Tatbestände vor. Als Bundespräsident Pilet-Golaz von den Zwischenfällen hörte, die sich am gleichen 8. Juni 1940 über der Ajoie abspielten, forderte er den General auf, inskünftig Zurückhaltung in der Verfolgung von Neutralitätsverletzungen zu üben. Der Neutralitätsschutz durch Flugzeuge wurde in den nächsten Tagen schrittweise abgebaut: Vorerst wurde der Abbruch der Luftkämpfe 5 km vor der Landesgrenze und dann die Vermeidung von Luftkämpfen über der Ajoie befohlen. Am 20. Juni 1940 sah sich General Guisan gezwungen, auf den Einsatz von Jagdflugzeugen im Neutralitätsschutz gänzlich zu verzichten. Diese Konzession war die Folge einer zweiten, bedeutend schärferen Note der Reichsregierung vom 19. Juni 1940. Diese hielt an ihrer Auslegung der Vorgänge fest und behauptete, dass schweizerische Jäger auch am 8. Juni 1940 deutsche Flugzeuge über französischem Gebiet angegriffen und dabei mit französischen Flugzeugen zusammen operiert hätten. Sie betrachte dies als einen flagranten feindseligen Akt. Bei Wiederholungen werde sie von schriftlichen Mitteilungen absehen und die deutschen Interessen in anderer Weise wahrnehmen.

Inzwischen war eine von der deutschen Abwehr, sehr wahrscheinlich auf Veranlassung von Feldmarschall Hermann Göring, inszenierte Strafexpedition am Boden gescheitert. Um das verletzte deutsche Ehrgefühl wieder herzustellen, war ein Schlag gegen schweizerische Militärflugplätze durch zehn Saboteure, darunter zwei Schweizer, geplant. Am 16. Juni 1940 zwischen 22 und 24 Uhr sollten Sprengstoffanschläge auf die Flugplätze Spreitenbach, Bözingen, Payerne und Lausanne verübt werden. Das Unternehmen ‹Adler› wurde von der Abwehr offenbar widerwillig und bewusst dilettantisch in Szene gesetzt. Vermutlich warnte Admiral Canaris oder Oberst Oster das schweizerische Armeekommando, sodass dieses Sicherheitsmassnahmen ergreifen konnte. Einen der in der Nacht vom 13./14. Juni 1940 an verschiedenen Grenzübergängen einreisenden Saboteure wies man mangels Visum zurück, die andern wurden gefasst, bevor sie Schaden anrichten konnten. Am 21. Juni 1940 übergab der Bundespräsident dem Gesandten Köcher eine Aufzeichnung über die Vorfälle, welche die genauen Personalien der Saboteure enthielt. Er fügte hinzu, dass es sich beim geplanten Unternehmen um einen gravierenden Eingriff in schweizerische Rechte handle. In Anbetracht der gespannten Beziehungen unterliess er es aber, formell Protest zu erheben. Der Reichsregierung blieb es somit erspart, die trotz ihrer Unglaubwürdigkeit beabsichtigte Ausflucht zu verwenden, die Saboteure hätten eigenmächtig gehandelt.

Um die Situation zu entspannen, entschloss sich der Bundespräsident gar zu einer entgegenkommenden Geste. Am 26. Juni 1940 entliess er die internierten Piloten der deutschen Luftwaffe, soweit sie reisefähig waren, nach Hause. In einer verklausulierten Erklärung vom 1. Juli 1940 entschuldigte sich die Schweiz beim Deutschen Reich für allfällige Grenzverletzungen, ohne solche zuzugeben. Am 16. Juli 1940 liess die Reichsregierung verlauten, der Streit über die Fliegerzwischenfälle sei beigelegt. Am 16. November 1940 verurteilte das Territorialgericht 2 die inhaftierten Saboteure zu lebenslänglichem Zuchthaus. Sie wurden in der ersten Hälfte der 1950er-Jahre begnadigt.

Am 20. Juni 1940 erfolgte das Verbot für Luftkämpfe durch General Henri Guisan.

General Guisan würdigte in seinem Bericht über den Aktivdienst das zugleich mutige und geschickte Verhalten der schweizerischen Jägerbesatzungen: ‹Die Neutralitätspolizei war eine ausgezeichnete Schule für unsere Piloten. Unsere Flieger hatten, namentlich Anfang Juni 1940, als die deutsche Offensive im Westen sich in vollem Schwung befand, Gelegenheit, sich bei Zusammenstössen ... mit deutschen Piloten zu messen. Die Reichsregierung richtete damals eine Note an uns, in welcher sie in sehr heftigen Ausdrücken gegen das Verhalten unserer Piloten protestierte, denen sie – zu Unrecht – vorwarf, sie hätten deutsche Flugzeuge ausserhalb des schweizerischen Luftraumes angegriffen und über fremdem Gebiet abgeschossen. Die Anerkennung dieser Überlegenheit stellte in meinen Augen mehr als einen taktischen oder technischen Erfolg dar: Der augenscheinliche Angriffsgeist, mit dem unsere Piloten ihre defensive Aufgabe erfüllten, wurde zu einem eindrücklichen Symbol unseres Widerstandswillens. Solch tatkräftige Beweise unserer Entschlossenheit, militärische Übergriffe abzuwehren, sowie unserer Fähigkeit, hart zurückzuschlagen, wurden von der deutschen Führung als Dissuasionsbotschaften richtig verstanden. Gesten des Nachgebens und der Anpassung lösten höchstens Gefühle der Verachtung aus und wurden als Schwächezeichen gewertet.»

Oberstdivisionär Hans Bandi musste als Kommandant der Flieger- und Fliegerabwehrtruppen die bewaffnete Neutralität im Luftraum praktisch ausüben. Der mutige Einsatz der Piloten war ein Symbol für den Verteidigungswillen der Schweizer Armee und ein Signal an die Konfliktparteien über die Fähigkeit der Fliegertruppe zur Durchsetzung der Neutralität im Luftraum.

Was General Henri Guisan in seinem Bericht nicht erwähnte, ist die materielle Seite dieser Einsätze. Ohne die von Oberstdivisionär Hans Bandi durchgesetzte Beschaffung der Flugzeuge Messerschmitt Me-109 E-3 wären die Einsätze nicht möglich gewesen oder sie hätten zu einem Desaster für die Schweizer Armee geführt.

Die Fliegerabwehrtruppe im Aktivdienst

Mit Beschluss vom 11. Juni 1936 bewilligte der Bundesrat einen Fliegerabwehrkredit von 62 Millionen Franken. Bis zum Ende des Jahres 1939 wurden im Rahmen dieses Beschlusses insgesamt 23 Fliegerabwehrkanonen 7,5 cm mit 9 Kommandogeräten und 131 Fliegerabwehrkanonen 20 mm Oerlikon beschafft.

Am 22. September 1939 beantragte der Kommandant und Waffenchef der Flieger- und Fliegerabwehrtruppen dem General eine Beschleunigung des materiellen und personellen Aufbaus der Fliegerabwehrtruppe mit jährlich 1000 auszubildenden Rekruten. Der General ordnete eine Nachmusterung der 20- bis 40-jährigen Hilfsdienstpflichtigen an. Von insgesamt 50 000 Hilfsdienstpflichtigen wurden 18 000 der Fliegerabwehr als «Flab-diensttauglich» zugewiesen. An diesem vermeintlichen Stigma litt die Fliegerabwehrtruppe noch während Jahrzehnten.

Die Fliegerabwehrtruppe wurde, wie die Fliegertruppe, auf den 29. August 1939 zum Aktivdienst einberufen. Sie umfasste zu diesem Zeitpunkt:

- 2 Fliegerabwehrbatterien mit total 7 Geschützen 7,5 cm.
- 2 Scheinwerferkompanien mit total 4 Siemens-Scheinwerfern und 3 Horchgeräten.
- 6 Fliegerabwehrbatterien 20 mm mit total 24 Geschützen Oerlikon 20 mm.
- Die Ortsfliegerabwehr Zürich mit total 21 Geschützen Oerlikon 20 mm.

Zu Beginn des Aktivdienstes wurde die Fliegerabwehrtruppe in Dübendorf, Emmen, Ennetbürgen, Kloten, Lausanne, Payerne, Thun und Zürich eingesetzt.

Das Armeekommando erliess verschiedene Befehle zum Einsatz der Fliegerabwehr, zum Beispiel:

- Verbot der Bekämpfung italienischer Militärflugzeuge.
- Entlassung eines Teils der Fliegerabwehr, um die Ausbildung in den Schulen zu ermöglichen.
- Schutz des Kommandopostens des Generals und des Armee-Hauptquartiers.
- Beschränkung des Nachteinsatzes auf Flugzeuge der Kriegsführenden, die mit Scheinwerfern eindeutig identifiziert wurden.

Die Tabelle 3 zeigt den beachtlichen materiellen Aufbau der Fliegerabwehr im ersten Jahr des Aktivdienstes.

Aufbau der Fliegerabwehr	Bestand	
	August 1939	Ende 1941
7,5-cm-Fliegerabwehrkanone 38 KW	12	170
Telemeter 3 m Basis Barrandstroud		35
Kommandogeräte Gamma/Hasler	6	44
Scheinwerfer Siemens	8	14
Horchgeräte Siemens Elaskop	3	8
34-mm-Fliegerabwehrkanone 38 W+F		120
20-mm-Fliegerabwehrkanone 37 Oerlikon	50	355
20-mm-Fliegerabwehrkanone 38 W+F		570

Tabelle 3: Aufbau der Fliegerabwehr bis 1941

In der Tabelle 4 sind die insgesamt beschafften Fliegerabwehrkanonen und deren Nutzungsdauer aufgeführt. Hans Bandi kritisierte die Beschaffung von drei 20-mm-Kanonentypen mit unterschiedlicher Munition gegen den Willen der Truppe. Auch die Produktion der 34-mm-Fliegerabwehrkanonen erfolgte ohne die Zustimmung der Truppe.

Total beschaffte Fliegerabwehrkanonen	Anzahl	Verwendung von ... bis	
20-mm-Fliegerabwehrkanone 37 Oerlikon	756	1937	1957
20-mm-Fliegerabwehrkanone 38 W+F	1475	1940	1974
20-mm-Fliegerabwehrkanone 43 Hispano	940	1942	1960
7,5-mm-Fliegerabwehr-Doppelmaschinengewehr	363	1939	1960
34-mm-Fliegerabwehrkanone 38 W+F	397	1940	1968
7,5-cm-Fliegerabwehrkanone 38 KW	250	1939	1967

Tabelle 4: Beschaffungszahl und Nutzungsdauer der Fliegerabwehr-kanonen[25]

Zu Beginn des Aktivdienstes bestand noch keine Truppenord-nung für die Fliegerabwehr. Nach den verfügbaren Quellen befand sich der Kommandant der Flieger- und Fliegerabwehr-truppen bezüglich des organisatorischen Aufbaus der neuen Truppe in einer sehr schwierigen Lage, die sicher aufreibend war. Nachfolgend sind einige Problembereiche erwähnt.

- Oberstdivisionär Hans Bandi hatte für die Ausgestaltung der Fliegerabwehr eine klare Vorstellung. Die Hauptaufga-be sei der Schutz von strategisch wichtigen Objekten gegen Angriffe aus der Luft. Die mit Kanonen der Kaliber 20 mm und 7,5 cm ausgerüsteten Detachemente müssten aus drei Gründen dem Kommando der Flieger- und Flie-gerabwehrtruppen unterstellt sein. Erstens gelte es, die beschränkten Mittel nicht zu verzetteln, zweitens müsse die Fliegerabwehr mit dem Einsatz der Kampfflugzeuge koordiniert werden und drittens sei eine einheitliche Aus-bildung notwendig.[26] Für den Selbstschutz könnten den Erdtruppen 7,5-mm-Fliegerabwehr-Doppelmaschinenge-wehre zugeteilt werden. Er vertrat diese Überzeugung konsequent gegen die Ansicht der Kommandanten der Armeekorps, die immer wieder eine Unterstellung von Fliegerabwehrtruppen unter die Armeekorps forderten. Der

---

[25] Wüst A., Die Schweizerische Fliegerabwehr, (flabcollegium), 2011.
[26] Diese Ansicht galt in den 1980er-Jahren als absolute Notwendig-keit und kam weitgehend zur Anwendung.

General schwankte zwischen diesen gegensätzlichen Konzepten und entschied sich 1941 für die Unterstellungsvariante. Bernard Barbey[27] schreibt am 1. April 1941: «Der General hat den Befehl unterzeichnet, der den Armeekorps einen beträchtlichen Teil der Fliegerabwehr zuteilt. Bedeutsamer Fortschritt. Man möchte die Fahnen heraushängen, wenn nicht verheerende Nachrichten aus Jugoslawien kämen.»

- Diese mit grossem Aufwand verbundene Kontroverse verhinderte die Festlegung einer Truppenordnung für die Fliegerabwehr bis zum Jahr 1943. Die Schuld dafür wurde Hans Bandi angelastet. Bei der Armeeführung betrachtete man seine Haltung als stur und unkooperativ.

- Hans Bandi widersetzte sich dem Einsatz von Fliegerabwehrgeschützen für die Panzerabwehr. Mit Recht argumentierte er mit den unterschiedlichen Konstruktionsmerkmalen von Fliegerabwehr- und Panzerabwehrkanonen. Er beschwerte sich, wenn solche Einsätze durch die Erdtruppenkommandanten angeordnet wurden.

- Entgegen der von Hans Bandi angestrebten Konzentration auf zwei Kanonentypen mit den Kalibern 20 mm und 7,5 cm erfolgte gegen seinen Willen die Beschaffung von fünf Typen mit verschiedener Munition (Tabelle 4).

- Die Zuführung des Fliegerabwehrmaterials erfolgte mit hoher Kadenz. Die Ausbildung der Bedienungsmannschaften und Kader hinkte den Materiallieferungen hinten nach. Die Qualität der verfügbaren und zugewiesenen Personalressourcen lag teilweise unter den minimalen Anforderungen.

Die Luftlageerfassung im Aktivdienst

Am 29. August 1939 begann für den Fliegerbeobachtungs- und Meldedienst der Aktivdienst. 14 Stunden nach dem Aufgebot waren alle 221 Fliegerbeobachtungsposten besetzt. 36 Auswerte- und 34 Telefonzentralen hatten den Betrieb aufgenommen.

---

[27] Barbey, B., Tagebuch, (Seite 80), 1948.

Es bestand eine Bestandeslücke von 110 Offizieren. Die Beobachtungsposten erhielten den Zusatzauftrag zur Meldung von Ereignissen am Boden zuhanden des Armeekommandos.

Bis zum Ende des Aktivdienstes im August 1945 erfasste der Fliegerbeobachtungs- und Meldedienst in runden Zahlen insgesamt 6 500 Grenzverletzungen. 600 davon wurden als Flugzeuge der Achsenmächte und 880 als solche der Alliierten identifiziert. 5 020 Luftfahrzeuge konnten nicht identifiziert werden.

Die Leistung dieser Organisation zum Erfassen der Luftlage war beachtlich. Die Luftfahrzeuge der damaligen Zeit operierten mit Geschwindigkeiten unter 500 km/h auf einer maximalen Flughöhe um 6000 m. Eine Erfassung mit den Augen, Ohren und einfachen optischen Mitteln war möglich. Allerdings scheiterten alle Versuche der Fliegertruppe zur Führung der Flugzeuge aufgrund der Luftlage, die in Dübendorf und in Bern zur Darstellung kam. Durch die kaskadenartige Übermittlung der Beobachtungsdaten waren der Zeitverzug zu gross und die Luftlagedarstellung zu ungenau für eine direkte Führung. Sie genügte für die Alarmauslösung und für die Einweisung der eigenen Flugzeuge in einen Abwehrraum. Ausserdem war eine Funkführung der Abwehrjäger auch aus technischen Gründen nicht möglich.

Der Fliegerbeobachtungs- und Meldedienst war während der ganzen Zeit des Aktivdienstes mit grossen personellen Problemen belastet. Es wurden alle denkbaren Personalressourcen ausgeschöpft: Hilfsdienstpflichtige, Freiwillige und Zivilisten. Der Jugendhilfsdienst war ab 1940 eine besonders originelle Sache. Junge Männer, vorwiegend Gymnasiasten, leisteten in den Schulferien anstelle des Landdienstes Postendienst beim Fliegerbeobachtungs- und Meldedienst. Sie hatten den Hilfsdienststatus. Die Diensttage wurden als Aktivdienst im Dienstbüchlein eingetragen.

Die Einsatzstatistik des Aktivdienstes

Die Tabelle 5 zeigt eine Einsatzstatistik der Flieger- und Fliegerabwehrtruppen für die Zeit des Aktivdienstes, die aus dem Bericht des Kommandanten der Flieger- und Fliegerabwehrtruppen an den Oberbefehlshaber der Armee über den Aktivdienst 1939–1945 (Bericht Rihner) abgeleitet ist.

Jahr	1939	1940	1941	1942	1943	1944	1945
Grenzverletzungen total	143	708	413	419	874	2212	1732
• Alliierte	15	16	1	10	28	371	163
• Achse	52	152	185	107	214	158	13
• Unbekannt	76	540	227	302	632	1683	1556
Bombenabwürfe		15	4	3	18	14	23
Neutralitätsschutz							
Flugzeugeinsätze total		79				440	186
Abschüsse durch Flugzeuge							
• Alliierte						4	2
• Achse		7				3	
Eigene Verluste (Flugzeuge/Personen)							
• Im Einsatz		2/3				1/1	
• Unfälle (nach Bericht Rihner)	3/3	5/13	8/6	7/8	13/18	7/7	4/7
• Unfälle (nach Peter Brotschi)	9/7	13/21	13/9	14/9	16/17	7/9	17/17
Fliegerabwehr							
Fliegerabwehrgeschosse 7,5 cm		388	762	2428	1720	3788	3008
Fliegerabwehrgeschosse 34 mm			4434			1564	421
Fliegerabwehrgeschosse 20 mm		795	58	8	106	2319	2433
Abschüsse der Fliegerabwehr							
• Alliierte					4	4	1
• Achse		1					
Landungen fremder Flugzeuge							
• Alliierte				1	8	115	13
• Achse		4	5	4	8	16	12
Internierte Personen							
• Alliierte				2	99	1255	163
• Achse		16	9	6	15	23	32
Abstürze fremder Flugzeuge							
• Alliierte					2	20	6
• Achse		1				2	1

Tabelle 5: Einsatzstatistik des Aktivdienstes von 1939 bis 1945

Eine Überprüfung der Flugunfälle nach dem verlässlichen Buch «Gebrochene Flügel» von Peter Brotschi zeigt eklatant unterschiedliche Angaben, die in der Tabelle unter der Zeile «eigene Verluste» ersichtlich sind. Zum Beispiel ist der Flugunfall vom 24. August 1943 in Payerne im Bericht Rihner nicht aufgeführt. Oberst Pierre Magron hat dort ohne Wissen von Hans Bandi vor einer grossen Zuschauerzahl Versuche mit dem Abwurf von Handgranaten mit einem Flugzeug C-3603 durchgeführt. Beim letzten Versuch explodierten ein Anzahl Handgranaten zu früh. Das Flugzeug stürzte danach ab. Der Pilot, Hauptmann Rolf Itten, und der Beobachter, Oberleutnant Karl Hunziker, fanden dabei den Tod. Hans Bandi beschreibt das Ereignis in seiner Eingabe wie folgt: «... Schliesslich verlangte General Guisan am 4. und 10. November 1942 ... je einen zugeteilten Chef für das Flugwesen und für die Fliegerabwehr ... Die Folgen sind denn auch nicht ausgeblieben, indem Oberst Magron als zugeteilter Chef für das Flugwesen ohne mein Wissen Versuche durchführen liess, bei denen am 24. August 1943 in Payerne zwei Fliegeroffiziere tödlich verunglückten. Der von General Guisan geschaffene Zustand ist darum grundsätzlich geeignet, die Stellung jedes Kommandanten nach oben und unten zu untergraben ...»

Die Frage, ob die wesentlich geringeren Unfallzahlen im Bericht Rihner auf einer unsorgfältigen Bearbeitung oder einer absichtlichen Unterschlagung von Fakten basieren, kann nicht beantwortet werden.

Flugunfälle

Die Tabelle 7 enthält eine Statistik der Flugunfälle von 1936 bis 1943. In der Zeit von Hans Bandi als Kommandant und Waffenchef der Flieger- und Fliegerabwehrtruppen von 1936 bis 1943 gingen bei Flugunfällen 77 Flugzeuge verloren. In 13 Fällen waren technische Gründe dafür verantwortlich. Zwei Flugzeuge wurden durch deutsche Kampfflugzeuge abgeschossen. Bei diesen Flugunfällen kamen 82 Menschen zu Tode. Man muss sich vorstellen, welche psychische Belastung diese Todesfälle für Hans Bandi darstellten.

Flugunfallstatistik 1936 bis 1943	1936	1937	1938	1939	1940	1941	1942	1943	Total
Tödlich verunfallte Piloten	2	4	6	6	11	8	9	12	58
Tödlich verunfallte Beobachter			4	1	4	1	2	5	17
Weitere tödlich verunfallte Personen			1		6				7
Total tödlich verunfallte Personen	2	4	11	7	21	9	11	17	82
Flugzeugtypen									
Haefeli DH-3		2							2
Haefeli DH-5A		1							1
Fokker CV			4	2		1			7
Dewoitine D-27	2	1		2	2		1		8
C-35			2	2	4	7	2	2	19
Messerschmitt Me-109 E-3				2	1		4	1	8
Messerschmitt Bf-109 D-1				1					1
Morane-Saulnier D-3800/3801					2	5	5	7	19
C-3601				1					1
C-3603							2	4	6
Bücker Bü-131					1			1	2
Bücker Bü-133					2			1	3
Anzahl zerstörte Flugzeuge	2	4	6	9	13	13	14	16	77

Tabelle 6: Flugunfallstatistik 1936 bis 1943[28]

Ausbau der Infrastruktur[29]

Mit dem Bundesratsbeschluss vom 13. Oktober 1936 wurde der Direktor der Militärflugplätze dem Waffenchef der Flieger- und Fliegerabwehrtruppen unterstellt. Die Direktion der Militärflugplätze war Halterin sowie Unterhalts- und Revisionsstelle der Flugzeuge und des Spezialmaterials der Fliegertruppe. Ferner war sie für die bauliche Infrastruktur umfassend verantwortlich.

---

[28] Brotschi, P., Gebrochene Flügel, Alle Flugunfälle der Schweizer Luftwaffe, Orell Füssli Verlag AG, 3. Auflage 2006.

[29] Giger, H., Die materielle Entwicklung, 2014.

Am 31. August 1939 ersetzte der Armeeflugpark die Direktion der Militärflugplätze mit unveränderten Aufgaben. Vom Frühjahr 1940 bis zum 15. März 1944 befand sich das Kommando des Armeeflugparks in Hergiswil und kehrte danach wieder nach Dübendorf zurück. Der Kommandant des Armeeflugparks war dem Kommandanten der Flieger- und Fliegerabwehrtruppen unterstellt.

Zu Beginn des Aktivdienstes bestanden sieben Militärflugplätze mit einer bescheidenen Infrastruktur. Damals verfügten nur die Flugplätze Dübendorf und Genf über Hartbelagpisten von 500 m beziehungsweise 405 m Länge für zivile Flugzeuge.

Um den Ausbau der Militärflugplätze spielte sich zwischen dem General, dem Armeestab und dem Kommando der Flieger- und Fliegerabwehrtruppen in der Zeit vom September 1939 bis 1943 ein permanentes Hickhack ab, in welchem auch Oberst Pierre Magron mitmischte. Dem Kommandanten der Flieger- und Fliegerabwehrtruppen wurde vorgeworfen, er kümmere sich zu wenig um den Ausbau von Flugplätzen im Zentralraum. Aus den Dokumenten geht die fehlende Vorstellung bei den Bürokraten des persönlichen Stabes des Generals, beim Armeestab und bei Oberst Pierre Magron über den Aufwand des geforderten Ausbaus hervor. Es wurde auch mit der Bereitstellung von Flugplätzen für ausländische Luftwaffen argumentiert.

Mit Datum vom 22. Februar 1943 richtete der Generalstabschef einen Befehl des Generals zum sofortigen Ausbau der Flugplätze im Zentralraum an den Kommandanten der Flieger- und Fliegerabwehrtruppen. Hans Bandi meldete, der Ausbau sei in Angriff genommen. Wenn man das Schreiben genau auslegt, rannte es einerseits offene Türen ein und stellte anderseits Forderungen für ein Schutzbauprogramm auf, welches erst im Jahr 1979 zum Abschluss gelangte. Walter Burkhard, der Direktor der Militärflugplätze, hat den Brief von Jakob Huber als Grundlage für sein ausgedehntes Ausbauprogramm der Kriegsflugplätze, das von seinen Nachfolgern weitergeführt wurde, verwendet.

Bei der Betrachtung des Ausbauprogramms, für das in der Zeit des Aktivdienstes 82 Millionen Franken aufgewendet wurde, ist man vom Umfang beeindruckt. Die verfügbaren Ressourcen waren durch die damalige Technik, durch die gleichzeitig ausgeführten Festungsbauten der Armee und die Kriegswirtschaft stark eingeschränkt. Die nachfolgende Aufzählung vermittelt einen Eindruck der geleisteten Arbeit.

- Von 1939 bis 1943 baute der Armeeflugpark auf 18 Flugplätzen Hartbelagpisten von 600 oder 900 Metern Länge und 40 Metern Breite. Gleichzeitig erfolgte die Verfestigung und Entwässerung der Rollzonen. Es wurden Zufahrtswege und Brücken gebaut sowie Flughindernisse entfernt. Pro Flugplatz wurden 4 bis 8 Leichtunterstände mit eingebauten Maschinengewehren für die Aussenverteidigung und ein Lagerschuppen zum Unterbringen des Korpsmaterials erstellt.
- Auf den Reduitflugplätzen erstellte der Armeeflugpark Hangars, welche die Reparaturarbeiten an den Flugzeugen bei schlechter Witterung erleichterten. Ausserdem wurden kleine Treibstofflager gebaut.
- In den Jahren 1937 bis 1942 erhielten die Flugplätze Dübendorf, Kloten, Buochs, Emmen, Meiringen, Interlaken, Payerne und Sion insgesamt 18 neue Flugzeughallen.
- Von 1938 bis 1940 wurden auf den sieben Flugplätzen Buochs, Interlaken, Meiringen, Sion, Payerne, Locarno und Lodrino Werkstattgebäude verschiedener Grösse erstellt. Ausserdem mussten im Laufe des Zweiten Weltkriegs alle Werkstätten laufend an neue Bedürfnisse angepasst werden.
- 1937:
  Payerne: Fliegerabwehrkaserne, 2 Flugzeughallen.
  Dübendorf: Hartbelagpiste 400 m
- 1939:
  Stans: Lagerstollen A in Betrieb.
  Vorbereitung von Sprengobjekten auf neun Flugplätzen.
- 1940:
  Bern: Die Einsatzstelle an der Effingerstrasse 35 war im Juni bereit, allerdings ohne funktionierenden Flugfunk.
  Dübendorf: Unterrichtsgebäude, Offizierskaserne und Aspirantenkaserne bezugsbereit.
  Emmen: Zwei Flugzeughallen und zwei Hartbelagpisten

von 600 m Länge bereit.
Zuoz/Scanf: Fliegerabwehrschiessplatz bereit.
Samaden: Hartbelagpiste 600 m (insbesondere für den Schleppflugdienst für das Schiesstraining der Fliegerabwehr).
Ennetmoos: Motorenprüfstand einsatzbereit.

- 1941:
Emmen: Fliegerabwehrkaserne, mehrere Flugzeughallen, Hartbelagpiste 600 m.
Payerne: Fliegerkaserne, Halle 5, Motorfahrzeughalle, Hartbelagpiste 600 m.
Savièse: Fliegerabwehrschiessplatz einsatzbereit.
- 1942:
Axalp-Ebenfluh: Schiessplatz einsatzbereit.
Interlaken: Lagerstollen Rugen, Motorenprüfstand, Motorfahrzeughalle, Hartbelagpiste 600 m.
Lodrino: Montagehalle.
Stans: Lagerstollen B in Betrieb.
Reckingen: Fliegerabwehrschiessplatz einsatzbereit.
- 1943:
Bau von Hartbelagpisten von 40 Metern Breite und 900 Metern Länge auf den folgenden 18 Flugplätzen: Alpnach, Ambri (600 m), Buochs, Frutigen, Interlaken, Kägiswil, Lodrino (880 m), Meiringen, Mollis, Münster (880 m), Raron (1 500 m), Reichenbach, Saanen (1 000 m), Sion, St. Stephan, Turtmann, Ulrichen, Zweisimmen (880 m).
Kleine Scheidegg/Fallboden: Sender Emil.

Besondere Ereignisse von September bis Dezember 1939

Die am 2. und 3. September 1939 vorgesehenen Militärflugtage in Dübendorf zur Feier des 25-jährigen Bestehens der Fliegertruppe wurden abgesagt.

Die Abteilung für Flugwesen und Fliegerabwehr und das Kommando der Flieger- und Fliegerabwehrtruppen wurden mit Standort Effingerstrasse 35 in Bern integriert.

Zitat aus dem Bericht des Kommandanten der Flieger- und Fliegerabwehrtruppen über den Aktivdienst 1939–1945: «Auf

Ende des Jahres waren sowohl die Truppe in soldatischer und technischer Beziehung, wie auch die Besatzungen in flugtechnischer und taktischer Hinsicht auf einer Höhe angelangt, welche sie im Laufe der vorhergehenden Jahre am Ende der ordentlichen Wiederholungskurse nie erreicht hatten.»

Besondere Ereignisse im Jahr 1940

Die kriegstechnische Abteilung verlegte die Flugzeugproduktion von Thun in das Flugzeugwerk Emmen.

Besondere Ereignisse im Jahr 1941

Nach dem Rücktritt von Bundesrat Rudolf Minger übernahm Bundesrat Karl Kobelt das Eidgenössische Militärdepartement.

Am 15. April 1941 führten die Flieger- und Fliegerabwehrtruppen am Neuenburgersee für geladene Gäste ihre Mittel im Einsatz vor. Bernard Barbey[30] beschreibt dieses Ereignis wie folgt: «Vor zahlreicher Zuschauerschaft – die Bundesräte Kobelt und von Steiger, die Mitglieder der Vollmachtenkommissionen, die kantonalen Militärdirektoren und die Heereseinheitskommandanten – hat die Fliegerei als grosses Schauspiel eine ihrer ‹Demonstrationen› aufgezogen. Am Ufer des Neuenburgersees, bei Chevroux, wohnen wir unter einer spärlichen Sonne, die die Farben des Neuenburger Ufers enthüllt, einem Fliegerschiessen mit Maschinengewehren auf feste oder bewegliche Ziele und der Darstellung von Luftkämpfen bei. Ausgezeichnete technische Ergebnisse: sichtbarer psychologischer Erfolg bei mehreren Zuschauern. Und doch ... Diese Flugzeuge, die starten, sich in der Luft wenden und kämpfen – worauf basieren sie? Wo ist ihre unmittelbare Sicherheit? Über welche Aktionsmöglichkeiten verfügen sie, wenn wir plötzlich angegriffen werden wie Jugoslawien? Darüber mit mehreren Fliegerkameraden diskutiert, alle gleicher Meinung: die Flugplätze ausserhalb des Reduits würden, ungenügend in der Zahl und der Ausrüstung und Verteidigung nach, vielleicht zwei, drei Tage halten können. So bestünde die grösste Sicherheit für unsere Luftwaffe in ihrem gegenwärtigen Zustand noch darin, so rasch als möglich aufzusteigen. Und

---

[30] Barbey, B., Tagebuch, (Seite 81), 1948.

unter der günstigsten Annahme würden ihr Dasein und ihre Wirksamkeit auf zwei, drei Tage begrenzt sein, indem sie in einem raschen decrescendo stürbe. Ihr Auftrag wäre die Selbstaufopferung ... Von vorne anfangen, im wahren Sinne des Wortes. Zuvorderst aber steht die Personenfrage ... Der General stimmt zu. Aber, ganz Fair Play, will er keine Geschichte daraus machen, bevor der heute verantwortliche Chef in die Lage versetzt worden ist, selber zum Rechten zu sehen. Daran denken, dass die Aufgabe des Generalstabsoffiziers vor allem darin besteht, die Voraussetzungen der Beurteilung und Entscheidung für den Chef zusammenzustellen. Und die des Chefs, die Ungeduld der ‹Jungtürken› zu bremsen. Wenigstens versuchen, zu überlegen. In aller Aufrichtigkeit.»

Am Montag, 25. Mai 1941, besuchte General Henri Guisan Payerne. Bernard Barbey[31] beschreibt den Besuch wie folgt: «In Payerne; der General kurzerhand entschlossen, den Obersten Magron, Kommandant des Fliegerregimentes 2, zu befragen. Ich kannte ihn noch nicht. Sein sonnverbranntes Gesicht, diese Mischung von Energie und Scheu, die, wie ich vermute, das Krampfhafte, Abgehackte seiner Sprechweise bewirkt, und dann, mit diesem romanischen Namen, dieser merkwürdige deutsche Akzent. Frage des Generals: ‹Wie lautet Ihr Kriegsauftrag?› Magron setzt auseinander, dass er ihn erst seit einigen Tagen durch eine ‹mündliche Orientierung› kenne. ‹Und vorher?› Vorher? Wie hätte Magron wissen sollen, was er im ‹Ernstfall› zu tun gehabt hätte? Wo, wann und wie hätte er sein Regiment zusammenfassen sollen? Um einige Operationen durchzuführen? Unter diesen Bedingungen wäre die beste Lösung, wie er sagt, die folgende: ‹Hier in Payerne bleiben, um die Zerstörung des Flugplatzes sicherzustellen.› Offenbar! Man glaubt zu träumen. Und doch ist Magron derjenige seiner drei Regimentskommandanten, gegen den der Chef der Flugwaffe am wenigsten feindselige Gefühle und Verdacht zu hegen scheint. Woher kommt diese krankhaft eifersüchtige Auffassung, Geheimnisse für sich zu behalten? Wohin führt sie uns? ‹Wie lange könnten Ihres Erachtens unsere Luftoperationen andauern?› ‹Höchstens drei Tage,

---

[31] Barbey, B., Tagebuch, (Seite 86), 1948.

Herr General.› So bestätigt die Auffassung Magrons diejenigen anderer Flieger, mit denen ich mich einige Tage vorher unterhielt. Magron hat nur mit Hemmungen gesprochen, vielleicht überrascht und ohne Zweifel darunter leidend, zwischen der Treue zu seinem Kommandanten und der Pflicht, dem Oberbefehlshaber die Wahrheit zu sagen, hin und her gerissen zu werden.»

Den kläglichen Auftritt eines Fliegerobersten Hans Bandi anzulasten war der Gipfel der Demagogie. Bernard Barbey erhob den Versager dieses Besuchs, Pierre Magron, in den Stand eines Beraters für Luftkriegsbelange. General Henri Guisan hat ihn auf den 1. Januar gegen den Willen des Kommandanten der Flieger- und Fliegerabwehrtruppen zu dessen Stellvertreter für die Belange des Flugwesens ernannt.

14. Juli 1941: Hinschied von Robert Fierz. Von 1941 bis 1942 war Adolf Furrer und ab 1943 René von Wattenwyl Chef der kriegstechnischen Abteilung.

Das Flugzeugwerk Emmen arbeitete mit 400 Mitarbeitenden.

Das Kommando der Flieger- und Fliegerabwehrtruppen legte die Bedingungen für die Neuentwicklung von Kampfflugzeugen fest: Jagdeinsitzer, Kampfzweisitzer, Mehrsitzer. Die kriegstechnische Abteilung beantragte die Weiterentwicklung vorhandener Flugzeuge: Morane D-3802, C-3604.

Der Bundesrat beschloss am 4. April 1941 die Schaffung eines Überwachungsgeschwaders mit drei bis sechs Staffeln, dotiert mit Berufsmilitärpiloten (Offiziere, Unteroffiziere). Oberst Friedrich Rihner war der erste Kommandant. Anschliessend an die Verordnung des Eidgenössischen Militärdepartements vom 28. Mai 1941 erfolgte die Aufbauarbeit und die Ausbildung. Im August 1943 waren zwei Staffeln einsatzbereit. Diese übernahmen ab November 1943 die Aufgabe des Neutralitätsschutzes im Luftraum.

Die Anzahl der Militärflugplätze erfuhr eine Erhöhung von 29 auf 48.

Der Schleppflugdienst für das Schiesstraining der Piloten und der Fliegerabwehr wurde mit 20 Flugzeugen Fokker CV-E «Schlepp» und 23 Piloten ins Leben gerufen.

Besondere Ereignisse im Jahr 1942

3. September 1942: Vorführung von Flieger- und Fliegerabwehreinsätzen am Neuenburgersee. Bernard Barbey[32] kommentierte den Anlass wie folgt: «Neue von Bandi organisierte Demonstration in Chevroux, in Anwesenheit der Bundesräte Wetter und Kobelt, des Armeestabs, der Heereseinheitskommandanten und einiger Pressevertreter. Es fängt mit einer ‹formellen› Übung der Flab an – Begriff und Wort sind überholt in der Zeit, in der wir leben – der Schiessen auf bewegliche und feste Ziele im See folgt.»

Am 7. Oktober 1942 wurde der Fliegerschiessplatz Axalp/Ebenfluh eröffnet.

Sechs Reduitflugplätze waren mit Hartbelagpisten und Schutzunterständen ausgerüstet.

Die Truppe konnte 19 Flugzeuge D-3801 und 52 Flugzeuge C-3603 übernehmen.

Alle Fliegerkompanien waren auf die neuen Flugzeuge Me-109 und D-3800 umgeschult.

Besondere Ereignisse im Jahr 1943

Im Frühjahr 1943 wurde der Kommandoposten des Kommandos der Flieger- und Fliegerabwehrtruppen sowie der Abteilung für Flugwesen und Fliegerabwehr in Wilderswil bezogen.

Die Fliegerabwehr führte erstmals Schiesskurse auf den fest eingerichteten Schiessplätzen durch.

Die «Untersuchung Miescher» und ihre Folgen

Nach Bernard Barbey hatte General Henri Guisan am 20. Januar 1942 entschieden, Oberstkorpskommandant ausser Dienst Rudolf Miescher mit einer Untersuchung über die Organisation und die Führung der Flieger- und Fliegerabwehrtruppen zu beauftragen. Anlässlich eines Besuchs von Henri Guisan in Begleitung von Bernard Barbey vom 19. Februar 1942

---

[32] Barbey, B., Tagebuch, (Seite 140), 1948.

in Basel nahm Rudolf Miescher den Auftrag an. Hans Bandi erhielt am 26. Februar 1942 vom General die Weisung, «de mettre à sa disposition ceux de vos subordonnés avec lesquels il désirerait s'entretenir». Auf die Einwände von Hans Bandi gegen diese Methode wurde nicht eingetreten.

Der Bericht von Rudolf Miescher lag Ende Mai 1942 vor. Die wesentlichen Schlussfolgerungen können wie folgt zusammengefasst werden:

- Die bestehende Struktur der Flieger- und Fliegerabwehrtruppen mit einheitlicher Leitung und Ausbildung sowie die Personalunion zwischen Kommandant und Waffenchef wird als zweckmässig erachtet. Die Stellvertreterfrage müsse gelöst werden.
- Der Waffenchef sei dem Leiter der Hauptabteilung III (Ausbildung) des Armeestabes zu unterstellen. Dieser soll für die Zuteilung von genügend Instruktionspersonal sorgen, um den Waffenchef zu entlasten.
- Für die Flugzeugbeschaffung sei das Flugzeugwerk Emmen direkt verantwortlich zu machen.
- Für die Fliegerabwehr sei eine Truppenordnung festzulegen.
- Der Generalstabschef sei anzuweisen, kombinierte Übungen mit den Flieger- und Fliegerabwehrtruppen unter der Leitung des Generals oder eines Korpskommandanten durchzuführen.

Der Bericht hat die Erwartungen von Bernard Barbey[33] nicht erfüllt, was zwischen den Zeilen zu lesen ist: «Der Bericht ist in seiner Gesamtheit von hoher Gesinnung und zeitweise geradezu von einer stolzen Haltung. Miescher hat sich auf die notwendige hohe Ebene begeben, von der aus sich die Sicht abzeichnet. Immerhin erkennt man, warum dieser Bericht an sich nicht das entscheidende Mittel sein kann, das die Eiterbeule zum Platzen bringen würde: es ist sein unbestimmtes Wesen als Zwischending zwischen Studie und Untersuchung. Die Untergebenen konnten nicht systematisch befragt, noch ausreichend geschützt werden, dass sie alle ohne Furcht hätten

---

[33] Barbey, B., Tagebuch, (Seite 124), 1948.

sprechen können. Alles in allem ist der Bericht Mieschers ein wesentlicher Bestandteil, ohne den es unmöglich wäre, irgendetwas zu unternehmen, der aber noch keine Schwierigkeiten beseitigt.»

Hans Bandi[34] bemerkte zum Bericht: «Ich bin von Oberstkorpskommandant Miescher nie darum angegangen worden, ihm bestimmte Untergebene zur Auskunftsgabe zur Verfügung zu stellen. Vielmehr hat dieser ohne mein Wissen mit vielen Offizieren Unterredungen auf der Hintertreppe gehabt, ohne dass mir jemals die Namen der Offiziere oder der Inhalt der Gespräche mitgeteilt worden wären, um ihn bestätigen, berichtigen oder widerlegen zu können. Dabei bilden die gesprächsweisen Mitteilungen zu einem nicht geringen Teil den Gegenstand des erwähnten Berichtes, den ich nie zu sehen bekam, dessen Schlussfolgerungen aber im Brief von General Guisan vom 14. Juli 1942 enthalten sind und die Grundlage wichtiger Entschlüsse darstellen, ohne dass ich mich kraft meiner Stellung vorher dazu hätte äussern können. ...So habe ich die Untersuchung, in der mir das rechtliche Gehör verweigert worden ist, leider als ein ungewohntes und kränkendes Inquisitionsverfahren empfinden müssen, und darin erblicke ich die Quelle der von General Guisan erwähnten Schwierigkeiten. Bereits am 30. Juli 1942 habe ich mich ihm gegenüber in einem Brief über die zu befürchtenden Wirkungen vernehmen lassen.»

Die organisatorischen Folgen des Berichts traten, trotz des Widerstandes von Hans Bandi, nach den Anweisungen von General Henri Guisan auf den 1. Januar 1943 in Kraft. Oberst Pierre Magron wurde zum zugeteilten Chef für das Flugwesen und Oberst E. von Schmid zum zugeteilten Chef für das Fliegerabwehrwesen eingesetzt. Ferner erfolgte die Unterstellung von Hans Bandi als Waffenchef unter den Leiter der Hauptabteilung III (Ausbildung) im Armeestab.

Hans Bandi betrachtete diese Einmischung zu Recht als Misstrauensbeweis und als Verletzung der verbrieften Kompetenzen, Rechte und Pflichten des Kommandanten der Flieger-

---

[34] Bandi, H., Eingabe, 1947.

und Fliegerabwehrtruppen. Er hält unter anderem fest[35]: «Das ging so weit, dass General Guisan nicht nur den Obersten Magron zu Besprechungen befahl, sondern diesen, wie mir am 3. Mai 1943 gemeldet wurde, auch angewiesen hatte, mir deren Gegenstand zu verschweigen. Was unter solchen Umständen von der von General Guisan mir vorgeworfenen ‹Isolierung› zu halten ist, bedarf keines weiteren Kommentars; es sei denn, dass sie, in der Tat, ‹zwischen Vorgesetzten und Untergebenen auf dieser Stufe die höchst wichtige Frage des Vertrauens› aufwerfe.»

Der Oberbefehlshaber erteilte in der Folge Befehle und Weisungen an die Flieger- und Fliegerabwehrtruppen ohne vorherige Konsultation des Kommandanten. Darin waren alle denkbaren Details geregelt. Teilweise wurden Massnahmen angeordnet, welche mit den verfügbaren Mitteln nicht ausführbar waren. Hans Bandi hat den General in einem Brief vom 16. September 1942 auf die Mängel der erteilten Weisungen hingewiesen. Auf unübliche Art und Weise hat sich der Oberbefehlshaber in die Kompetenzen des Kommandanten der Flieger- und Fliegerabwehrtruppen eingemischt. Nach dem fruchtlosen Briefwechsel eskalierte das Zerwürfnis zwischen General Henri Guisan und Oberstdivisionär Hans Bandi zusehends.

Nachfolgend sind die erteilten Befehle und Weisungen aufgelistet.

- 18. August 1942. Weisungen für die Ausbildungsziele für die Fliegertruppen in Hinsicht auf ihre Verwendung im Kriege.
- 30. Dezember 1942. Stellungnahme von Oberst Pierre Magron zu einem Fragebogen des Oberbefehlshabers beziehungsweise seines persönlichen Stabes. Die Fragen stammten wahrscheinlich von «Zuträgern» aus dem Kreis der Fliegerinstruktoren.
- 12. Januar 1943. Weisungen für die Verwendung der Fliegertruppen, welche offensichtlich aus der Stellungnahme

---

[35] Bandi, H., Eingabe, 1947.

von Pierre Magron abgeleitet waren. Dazu gab es einen Folgebefehl mit weiteren Detailanordnungen.

- 22. Februar 1943. Befehl des Generals betreffend Verbesserung der Flugplätze im Zentralraum und Zerstörung der Flugplätze ausserhalb des Zentralraumes, unterzeichnet von Generalstabschef Jakob Huber.
- 9. März 1943. Weisungen für die Fliegerabwehr.
- 27. März 1943. Befehl für Flugplatzverteidigungsübungen.

Aus welcher Küche diese Befehle und Weisungen stammten, ist aus dem Tagebuch von Bernard Barbey[36] ersichtlich:

- 15. Juli 1942. Ein Brief des Generals bringt Bandi die Schlussfolgerungen der Untersuchung Mieschers zur Kenntnis. Inzwischen fahre ich fort, gemäss den Weisungen des Generals, die Kommandanten der Fliegerwaffe zu sprechen, planmässig Beobachtungen, Kritiken, Anregungen und gleichzeitig die Erfahrungen der Luftwaffe der Kriegsführenden zu sammeln. Aus diesen Unterhaltungen und diesen Studien hebt sich nach und nach eine begrenzte Zahl von klaren Gedanken ab, die uns helfen werden, in grossen Strichen den Auftrag zu zeichnen, den unsere Flieger ... erfüllen sollten ...
- 10. Januar 1943. Schmutziger Schnee über Interlaken. Mit van Berchem an den neuen Weisungen für die Flugwaffe gearbeitet. Was uns hilft, dem General die Unterlagen, die er von uns verlangt, zu beschaffen, das ist die fast einstimmige Meinungsäusserung, die wir bei den Fliegern aller Grade der Hierarchie eingeholt haben. Es wird zwei Texte geben: die eigentlichen Weisungen und ein Bericht über die Ausbildungsziele und -methoden.
- März 1943. ... ich arbeite hier mit Frey und van Berchem, der eben wieder eingerückt und beauftragt ist, alle neuen Beurteilungselemente zu verarbeiten, die seit geraumer Zeit über die Lage unserer Fliegerabwehr und ihre Verwendung gesammelt werden. Er bereitet einen Entwurf «Weisungen» vor, entsprechend denen, die die Flieger behandeln ...

---

[36] Barbey, B., Tagebuch, (Seiten 134, 160, 167) 1948.

Die Informanten von Bernard Barbey hatten die Gedanken von Hans Bandi zur Konzeption der Luftkriegsführung nicht verstanden. Die Fliegerabwehr interessierte sie nicht. Am liebsten hätten sie die Fliegerabwehrtruppen «ausgelagert».

Die Trennung von General Henri Guisan und Oberstdivisionär Hans Bandi

Am 24. Oktober 1943 ersuchte der General Hans Bandi, sein Amt als Kommandant und Waffenchef der Flieger- und Fliegerabwehrtruppen auf den 31. Dezember 1943 zur Verfügung zu stellen. Die Gründe: das Alter und die Notwendigkeit, jüngeren Kräften Platz zu machen, die zwischenmenschlichen Schwierigkeiten und der Gesundheitszustand. Nach einer Aussprache vom 27. Oktober mit dem General teilte Hans Bandi dem General in einem Schreiben vom 30. Oktober 1943 mit, er könne seinem Wunsch nicht entsprechen. Am 28. Dezember 1943 übertrug General Henri Guisan das Kommando der Flieger- und Fliegerabwehrtruppen an Friedrich Rihner. Hans Bandi wurde in der Funktion als Waffenchef bis zu seiner Pensionierung auf Ende 1944 beamtenrechtlich freigestellt.

Bernard Barbey[37] kommentierte die Ereignisse wie folgt:

14. Oktober 1943. Der General hat den Generalstabschef kommen lassen und ihm den Brief gezeigt, den er dem EMD geschrieben hat, um die Ersetzung Bandis zu verlangen. Peinlich und heikel wegen der Freundschaftsbeziehungen, die Huber und Bandi verbinden. Huber, sagt mir der General, hat sich nicht «gesträubt» gegen diese Massnahme. Aber es lag ihm daran, die Anstrengungen zu unterstreichen, die seiner Auffassung nach Bandi unternommen hat, um die Weisungen des Generals zu befolgen. So ist alles in Ordnung, so gut als möglich.

20. Oktober 1943. Der General hat gestern Herrn Kobelt gesprochen. Sie haben sich über den Weggang Prisis und Lardellis, und – aus anderen Gründen – Bandis geeinigt. Dagegen sind sie nicht einig über die Wahl ihrer Nachfolger.

---

[37] Barbey, B., Tagebuch, (Seiten 190, 192, 193, 196), 1948.

27. Oktober 1943. Der General hat Bandi, der mit der erwarteten Heftigkeit reagiert, empfangen. Bandi schimpft über die Menschen, die Institutionen und die Sitten, gegen seine Untergebenen und ganz besonders gegen den persönlichen Stab des Generals. Das ist ganz begreiflich, in einem gewissen Sinne …

9. November 1943. Ein guter Tag. Die Mutationen sind in den grossen Linien festgelegt. Wir glauben bereits zu wissen, dass der Bundesrat keine Einwendungen erheben wird, im Gegenteil. Rihner wird die Flieger- und Fliegerabwehrtruppen kommandieren mit dem jüngeren Primault als Stabschef. Am Plan einer feierlichen Kundgebung gearbeitet, die die Bedeutung dieser Beförderung unterstreichen und in Sempach stattfinden wird. Ein guter Tag, tatsächlich![38]

Hans Bandi hat in seiner «Eingabe zum Bericht von General Henri Guisan und zum Bericht des Kommandanten der Flieger- und Fliegerabwehrtruppen» von 1947 seine Sicht der Entlassung ausführlich dargelegt. In der Einleitung steht: «Wenn General Guisan heute angibt, dass er auf Ende 1943 meine Ersetzung verlangt habe, weil die Durchführung der von ihm befohlenen Massnahmen nicht in allen Punkten seinen Erwartungen entsprochen habe, so stelle ich schon hier fest, dass diese seine Angabe sich mit seiner mir und dem hohen Bundesrat gegenüber vertretenen Begründung keineswegs deckt. Am 24. Oktober 1943 begründete er sein Ansinnen mit meinem Dienstalter, mit meinem Gesundheitszustand und mit gewissen Schwierigkeiten zwischen ihm und mir, auf deren Ursachen er jedoch nicht zurückkommen wollte. Dabei erklärte er, mir für die beträchtliche und verdienstliche Tätigkeit, die ich oft unter schwierigen Umständen für die Waffe, die Armee und das Land ausgeübt hätte, seine Anerkennung auszusprechen. In meiner Antwort vom 30. Oktober 1943 setzte ich ihm auseinander, dass die von ihm erwähnten Gründe in keiner Weise stichhaltig sein könnten.»

---

[38] Bernard Barbey hat sein Ziel erreicht. Am Zustand der Flieger- und Fliegerabwehrtruppen hat sich dadurch nichts verbessert.

Fazit für die Zeit des Aktivdienstes bis 1943

Die Geschichte der Flieger- und Fliegerabwehrtruppen und ihres Kommandanten in der Zeit des Aktivdienstes bis zum Ende des Jahres 1943 darf mit Fug und Recht als dramatisch bezeichnet werden.

Zu **Beginn des Aktivdienstes** stand die Fliegertruppe mit 12 einsatzbereiten Jagdflugzeugen Me-109 E-3, welche Hans Bandi zu verdanken waren, nicht vollkommen mittellos da. Die positiven Auswirkungen der Luftoperationen vom Mai und Juni 1940 waren diesem Flugzeug und dem Kampfwillen der Piloten zu verdanken.

Führungsmässig befand sich Hans Bandi von Anbeginn in einer schwierigen Situation. Er war dem Oberbefehlshaber ohne institutionalisierte Beziehung unterstellt. Ab 1940 schaltete sich der Chef des persönlichen Stabes des Generals, Bernard Barbey, in die Beziehung ein. Er war vonseiten der Fliegerinstruktionsoffiziere, die Hans Bandi feindlich gesinnt waren, indoktriniert. Wie aus seinem Tagebuch ersichtlich ist, verfolgte er das Ziel, den Kommandanten der Flieger- und Fliegerabwehrtruppen aus seinem Amt zu entfernen.

Der Beschaffung der ersten Serie von 30 Flugzeugen Me-109 E-3 stimmte der Chef der kriegstechnischen Abteilung «im Grundsatz» zu. Bei allen übrigen Beschaffungsanträgen stellte sich **die kriegstechnische Abteilung** gegen den Kommandanten der Flieger- und Fliegerabwehrtruppen und verletzte ihn auch mit persönlichen Angriffen. Die fundierten Vorschläge und Einwände von Hans Bandi wurden laufend torpediert oder ignoriert.

In zunehmendem Masse hatte Hans Bandi auch die **Kommandanten der Armeekorps** gegen sich. Sie kritisierten die mangelhafte Feuerunterstützung durch die Fliegertruppe. Mit dem rasanten Aufbau der Fliegerabwehrtruppe stieg die Begehrlichkeit nach der festen Unterstellung von Fliegerabwehreinheiten unter die Armeekorps. Der Widerstand gegen diese Bestrebungen wurde Hans Bandi als schlechter Wille angelastet.

Die Technologie der damaligen Zeit gab Anlass zu Missverständnissen, falschen Erwartungen und unerfüllbaren Anforderungen. Die Erfassung und Darstellung der Luftlage erfolgte mit den primitivsten Mitteln. Die Funkmess- oder Radartechnik war bei der Schweizer Armee bis zum Jahr 1944 unbekannt. In den Flugzeugen fehlten brauchbare Mittel für die Navigation, für den Waffeneinsatz und für die Kommunikation. Die Flugzeuge hatten Motoren- und Strukturproblemen. Die Fliegerabwehr arbeitete für die Zielerfassung und für die Feuerleitung ebenfalls mit ungenügenden Mitteln. Elektromechanische Kommandogeräte konnten die Anforderungen an die Feuerleitung nur annähernd erfüllen. Verfügbarkeit und Zuverlässigkeit waren zu jener Zeit noch keine Themen. Es muss für Hans Bandi ermüdend gewesen sein, mit seinen Vorstellungen immer an die Grenze des Machbaren zu stossen.

Die **Infrastruktur** der Fliegertruppe wurde innert kurzer Zeit durch den Armeeflugpark unter sehr schwierigen Rahmenbedingungen in einem Kraftakt sondergleichen aufgebaut. Die Kritik von Bernard Barbey und Konsorten bewiesen deren Ignoranz in Belangen der realen Umstände.

Im Sommer 1941 unterbreitete **der General** dem Chef des Eidgenössischen Militärdepartements, Bundesrat Karl Kobelt, seine Vorstellungen für die **Konzeption** und Ausgestaltung der Flieger- und Fliegerabwehrtruppen:

- Drei Fliegerregimenter unter einem Kommandanten, welcher dem Armeekommando unterstellt ist.
- Trennung des Kommandos der Flieger- und Fliegerabwehrtruppen und der Abteilung für Flugwesen und Fliegerabwehr.
- Unterstellung der Abteilung für Flugwesen und Fliegerabwehr unter den Leiter der Hauptabteilung III (Ausbildung) im Armeestab.
- Die Fliegerabwehr den Armeekorps unterstellt mit einer Reserve unter dem Armeekommando.
- Die Ausbildung der Fliegerabwehr durch die Abteilung für Artillerie.

Es darf angenommen werden, dass auch dieses Konzept von Zuträgern des persönlichen Stabes des Generals beeinflusst war.

Hans Bandi verfolgte konsequent die Lösung, welche aufgrund des Memorials Luftschutz mit der Struktur von 1937 weitgehend realisiert wurde[39].

- Ein Kommando der Flieger- und Fliegerabwehrtruppen mit vollständiger operativer, taktischer und logistischer Verantwortung und Kompetenz.
- Volle Verantwortung für die Ausbildung und die Materialbeschaffung.
- Neutralitätsschutz und Luftverteidigung nach Weisungen der Armeeführung.
- Unterstützung mit Feuer und Aufklärung im Verbund mit den Armeekorps.
- Zuweisung von Fliegerabwehrverbänden zur Zusammenarbeit mit Armeekorps und allenfalls zivilen Institutionen.

Diese vom Standpunkt der Luftkriegsstrategie aus einzig richtige Lösung stand im krassen Widerspruch zur oben beschriebenen Ansicht des Oberbefehlshabers. Aufgrund des Berichts von Rudolf Miescher zögerte Bundesrat Karl Kobelt, den Vorschlägen von Henri Guisan Folge zu leisten. Nach 1943 erfolgten keine grundlegenden Änderungen nach den Vorstellungen des Oberbefehlshabers, sondern bloss eine Verwässerung der Strategie von Hans Bandi.

Die unvereinbaren konzeptionellen Ansichten von Henri Guisan und Hans Bandi liessen eine Beilegung des Zerwürfnisses nicht zu. Der General hatte die stärkere Position. Das Rückgrat von Hans Bandi in der Treue zu seinen Überzeugungen verdient Bewunderung.

---

[39] In den 1980er-Jahren entsprach die Konzeption der Flieger- und Fliegerabwehrtruppen weitgehend den Vorstellungen von Hans Bandi. Die damaligen Anforderungen an die Verteidigungsfähigkeit im Kalten Krieg wurden im Rahmen der verfügbaren Ressourcen optimal erfüllt.

Oberstdivisionär Hans Bandi erlebte Jahre des Kampfes, der psychischen Belastung, der Erniedrigung und des Verrats. Wen erstaunt es, dass er in dieser zermürbenden Situation nicht der Strahlemann mit stets guter Laune war?

Epilog

Zur Aufarbeitung des Aktivdienstes erschienen verschiedene Berichte.

- Henri Guisan, Bericht an die Bundesversammlung über den Aktivdienst 1939–1945, Lausanne 1946.
- Beilage zum Bericht des Generals: Bericht des Kommandanten der Flieger- und Fliegerabwehrtruppen an den Oberbefehlshaber der Armee über den Aktivdienst 1939–1945. (Buchdruckerei Rösch, Vogt & Co.), Bern, undatiert.
- Bericht des Bundesrates an die Bundesversammlung zum Bericht des Generals über den Aktivdienst 1939–1945. Bern 1947.
- Hans Bandi, Eingabe zum Bericht von General Henri Guisan und zum Bericht des Kommandanten der Flieger- und Fliegerabwehrtruppen. (Selbstverlag), Bern 1947

Der Historiker Willi Gautschi hat in seiner Biografie «General Henri Guisan. Die schweizerische Armeeführung im Zweiten Weltkrieg» in einem besonderen Kapitel den «Streitfall Bandi» untersucht. Darin befasst er sich insbesondere mit den Folgen der Publikation der oben erwähnten Dokumente. An dieser Stelle wird auf den Text von Willi Gautschi verwiesen, der in diesem Buch publiziert ist.

Im Zusammenhang mit der Geschichte der Flieger- und Fliegerabwehrtruppen werden nachfolgend drei Publikationen kurz kommentiert.

Bericht des Kommandanten der Flieger- und Fliegerabwehrtruppen an den Oberbefehlshaber der Armee über den Aktivdienst 1939–1945 (Beilage zum Bericht des Generals, 1947)

Es handelt sich um ein Dokument im Umfang von 213 Seiten. Nach meiner Beurteilung ist es eher liederlich und nicht stufengerecht abgefasst. Es trägt kein Datum. Der Aufbau ist unlogisch. Auf 150 Seiten werden Ereignisse mit vielen Details aufgezählt. Es ergibt sich der wohl zutreffende Eindruck, dass ausserordentlich viel geleistet wurde und viel geschehen ist. Friedrich Rihner hat moniert, der Bericht sei für den Oberbefehlshaber persönlich verfasst worden. Die erwähnten 150 Seiten hat Henri Guisan mit absoluter Sicherheit nie gelesen. Ich hätte als Kommandant den Verfasser aufgefordert, eine maximal zehnseitige Synthese der Ereignisse vorzulegen.

Die Beilagen A. und B. des zehnten Kapitels beinhalten die Verurteilung von Hans Bandi und Rudolf Meyer, die Friedrich Rihner ohne Anhörung der Angeklagten in die Welt setzte. Hans Bandi hat in seiner Eingabe zu allen Vorwürfen seine Ansicht dargelegt. Es würde zu weit führen, an dieser Stelle eine Auslegeordnung zu machen. Für mich sind die Darlegungen von Hans Bandi glaubwürdig. Aus seiner Sicht sind fast alle Vorwürfe falsch, unseriös begründet oder richten sich an die falsche Adresse. Zwei besonders krasse Beispiele, die mich persönlich schockierten, betreffen den Ausbau der Flugplätze und die Flugzeugbeschaffung.

Seite 180, Ausbau der Flugplätze: «Mit dem Ausbau der Flugplätze wurde erst ab Mitte 1942 und auf entsprechenden Druck des Oberbefehlshabers der Armee begonnen ...».

Seite 183, Flugzeugentwicklungs-Programm: «... Es hat dann auch ganz sicher am Willen der verantwortlichen Kommandostelle gefehlt, unsere Fliegertruppe raschmöglichst für einen Kriegseinsatz auszurüsten. ...». Von der Fliegerabwehr kein Wort!

Auf welchem Planeten hat Friedrich Rihner während des Aktivdienstes gelebt?

Friedrich Rihner wäre gut beraten gewesen, anstelle der 19-seitigen unnötigen Urteilsschrift die Lehren aus der Zeit des Aktivdienstes und die Folgerungen für die Entwicklung der Flieger- und Fliegerabwehrtruppen in der Zukunft zu bearbeiten und zu publizieren. Weder er noch der Verfasser des inakzeptablen Berichts verfügten, im Gegensatz zu Hans Bandi, über die notwendigen Voraussetzungen und Fähigkeiten zu einem solchen intellektuellen Akt.

Hans Bandi, Eingabe zum Bericht von General Henri Guisan und zum Bericht des Kommandanten der Flieger- und Fliegerabwehrtruppen. Bern, 1947.

Wenn ich mich in die Lage von Hans Bandi versetze, bin ich erschüttert. Eine Gruppe von «Fliegerkameraden», die den «Artilleristen» aus dem Weg schaffen wollten, hat mit perfiden Mitteln des Mobbing General Henri Guisan via seinen Vertrauten Bernard Barbey zu Handlungen veranlasst und missbraucht, die jeder Beschreibung spotten.

Die Eingabe von Hans Bandi ist, im Gegensatz zum liederlich formulierten Bericht von Friedrich Rihner, sehr gut und verständlich geschrieben. Seine Vorstellungen über die Organisation und Führung der Flieger- und Fliegerabwehrtruppen waren visionär. Sie entsprachen weitgehend der Situation, welche ich 50 Jahre später als Kommandant dieser Truppen erleben durfte. Die Zurückweisung der Vorwürfe des Rihnerberichts ist ausführlich sowie glaubwürdig und logisch beschrieben.

Leider hat Hans Bandi nicht daran gedacht, Walter Burkhard als Nachfolger aufzubauen. Das ist im Rückblick bedauerlich. Walter Burkhard war zwar nicht Generalstabsoffizier. Seit 1941 führte er als Oberst den Armeeflugpark. Im Berufskader der Flieger- und Fliegerabwehrtruppen war er in jeder Beziehung mit Abstand der fähigste Chef. Er hätte in Dübendorf für Ordnung gesorgt und die Beziehungen zu General Henri Guisan in geordnete Bahnen gelenkt. Als regulärer Nachfolger im Kommando der Flieger- und Fliegerabwehrtruppen hätte er im Jahr 1945 im Alter von 50 Jahren die Führung für eine längere Zeitperiode übernehmen können. Die Geschichte wäre dann ganz anders verlaufen. Hans Bandi brauchte aber Walter Burkhard dringend für den Ausbau der Infrastruktur.

Bericht des Bundesrates an die Bundesversammlung zum Bericht des Generals über den Aktivdienst 1939–1945 von 1947

In drei Kapiteln wird die Geschichte der Flieger- und Fliegerabwehrtruppen behandelt.

- Die personelle und materielle Bereitschaft der Armee, der Aufbau unserer Flugwaffe (Ziffer I.2.b., Seiten 14 bis 17).
- Personelle und materielle Einzelfragen, die persönlichen Verhältnisse im Kommando der Flieger- und Fliegerabwehrtruppe (Ziffer II.2.a., Seiten 40 bis 47).
- Probleme der künftigen Wehrordnung, die Fliegertruppe (Ziffer III.i., Seiten 91 bis 93).

In diesem Bericht werden die Zusammenhänge in fast wohltuender Sachlichkeit dargestellt und befindet sich der Satz:

> «Oberstdivisionär Bandi hat unter sehr erschwerenden Umständen vor dem Krieg und in den Kriegsjahren bis zu seiner Entlassung harte Arbeit nach bestem Können geleistet.»

Oberstdivisionär Hans Bandi (1882 – 1955)

Späte Rehabilitierung des ersten Kommandanten und Waffenchefs der Flieger- und Fliegerabwehrtruppen

Im Jahr 1940 hatten sich die Flieger- und Fliegerabwehr-truppen, insbesondere die Jagdflieger, mit den von meinem Vater, Oberstdivisionär Hans Bandi (1882–1955), unmittelbar vor Kriegsausbruch unter grossen Schwierigkeiten beschafften Jagdflugzeugen Messerschmitt Me-109 E-3 bei der Abwehr deutscher Neutralitätsverletzungen bewährt. Ende 1943, knapp drei Jahre danach, schien der Konflikt zwischen General Henri Guisan und Hans Bandi den Höhepunkt erreicht zu haben. Der damals 69-jährige Oberbefehlshaber veranlasste die Entlas-sung des seit 1936 als erster Waffenchef und seit 1937 als erster Kommandant mit dem Aufbau und der Führung der Flie-ger- und Fliegerabwehrtruppen beauftragten, acht Jahre jünge-ren Divisionärs. Ende 1941 wollte er ihn aufgrund seiner Leis-tungen noch zum Oberstkorpskommandanten befördern. Zweieinhalb Monate später begann er, ein Feindbild aufzu-bauen.

Hans Bandi hat seine Kaltstellung nicht ohne Protest akzep-tiert. Er konnte sich, unter den damaligen Voraussetzungen der Aktivdienstzeit, nicht öffentlich äussern. Als Beamter war er bis Ende 1944 gewählt und musste sich deshalb während eines Jahres beurlauben lassen. Er zog sich verbittert zurück und musste sich mit der ihm aufgezwungenen Situation abfin-den. In seinem Demissionsschreiben an Bundesrat Karl Kobelt vom 13. November 1943 befindet sich die Bemerkung, er emp-finde das Vorgehen des Generals als schweres Unrecht. Aber «höher als diese persönliche Überzeugung steht mir das Wohl des Vaterlandes, das kaum erträgt, dass an der Spitze seiner Armee Spannungen, wie die nun hier geschilderten, weiter bestehen».

Keinesfalls rechnete er aber mit der Möglichkeit, dass die gan-ze Affäre nach Kriegsende von General Henri Guisan der Öf-fentlichkeit in einseitiger Weise bekannt gegeben würde. Der 1946 veröffentlichte Bericht des Generals an die Bundesversammlung über den Aktivdienst 1939–1945 enthielt scharfe Angriffe des Oberbefehlshabers auf die Amts- und Kommandoführung meines Vaters. Ein ergänzender Bericht des Nachfolgers, Oberstdivisionär Friedrich Rihner, der offenbar mehrheitlich von dessen Stabschef Etienne Primault verfasst worden ist und vertraulich gemeint war, liess buchstäblich keinen guten Faden an der Tätigkeit seines Vorgängers. Der praktisch wehrlose Gegner wurde in äusserst unfairer Weise diskreditiert. Diese Ächtung war öffentlich und erregte viel Aufsehen.

Mein Vater setzte sich Anfang 1947 in der ihm eigenen kompromisslosen Weise, ohne die er vermutlich den Aufbau der Flieger- und Fliegerabwehrtruppen in wenigen Jahren gar nicht hätte bewerkstelligen können, mit einer «Eingabe zum Bericht von General Henri Guisan und zum Bericht des Kommandanten der Flieger- und Fliegerabwehrtruppen» zur Wehr. Diese Eingabe stellte er allen eidgenössischen Parlamentariern zu. Zur gleichen Zeit erschien der «Bericht des Bundesrates an die Bundesversammlung zum Bericht des Generals über den Aktivdienst 1939–1945.» Darin werden unter anderem «Die persönlichen Verhältnisse im Kommando der Flieger- und Fliegerabwehrtruppe» behandelt, ein knapp fünf Seiten umfassender Exkurs, der mit der Feststellung endet: «Oberstdivisionär Bandi hat unter sehr erschwerenden Umständen vor dem Krieg und in den Kriegsjahren bis zu seiner Entlassung harte Arbeit nach bestem Können geleistet.» Dies war sicher ein Versuch zu seiner Rehabilitierung, mit der sich der Bundesrat in deutlichen Gegensatz zum General stellte. Aber die Öffentlichkeit nahm davon ebenso wie von den Äusserungen des Angegriffenen kaum Kenntnis.

Eine indirekte Rehabilitierung, zumindest eine Genugtuung, wurde Hans Bandi zuteil, als sein ehemaliger Stabschef, Oberst im Generalstab Rudolf Meyer, 1951 zum Kommandanten der Armeefliegerabwehr ernannt und 1954 zum Oberstbrigadier befördert wurde. Rudolf Meyer war Ende 1943 zusammen mit ihm in die Wüste geschickt worden und stand während der langen Jahre der Bitternis treu zu ihm.

Mein Vater hat aber die von ihm als ungeheuerliche Ungerechtigkeit und Intrige empfundene Behandlung durch General Guisan nie verwunden. Er war in seiner Soldatenehre zutiefst verletzt. Am 6. Juli 1955 starb er kurz vor seinem 73. Geburtstag. Die Trauerfeier fand am 9. Juli, einem Samstagnachmittag, in der Berner Heiliggeistkirche statt. Oberstbrigadier Rudolf Meyer würdigte in seiner Trauerrede die Verdienste des Verstorbenen und wies auch auf die Affäre seiner Entlassung hin. Zur grossen Überraschung unserer Familie fand sich dazu neben dem Vorsteher des Eidgenössischen Militärdepartements, Bundesrat Paul Chaudet, und anderer Prominenz auch General Henri Guisan ein. Mehr noch: Als der Sarg aus der Kirche getragen wurde, gehörte der General zur kleinen Gruppe von Personen, die bei der Abfahrt des Leichenwagens vom Verstorbenen Abschied nahm.

Für die Familie blieb allerdings der Eindruck, Hans Bandi habe uns mit dem bitteren Gefühl verlassen, der «Dank der Republik» sei ihm vor allem wegen Henri Guisan in ungewöhnlich niederträchtiger Weise zuteil geworden. Die späte Reverenz änderte nichts an dieser Tatsache.

Vereinzelt kam es damals immerhin zu Nachrufen wie zum Beispiel in den «Luzerner Neuesten Nachrichten» vom 8. Juli 1955. Er wurde als Mann bezeichnet, «der im Dienste des Vaterlandes schwer gearbeitet und Grosses geleistet hat, der jedoch, als seine Laufbahn zu Ende war, sich eine Behandlung gefallen lassen musste, die glücklicherweise in der Schweiz nicht viele Beispiele kennt. ...»

Es konnte nicht Sache der Familie sein, die Rehabilitierung in die Wege zu leiten. Aber es war uns klar, dass irgendwann eine Wende eintreten würde. Ein erster massgeblicher Vorstoss kam 27 Jahre später, als Korpskommandant Kurt Bolliger, Kommandant der Flieger- und Fliegerabwehrtruppen von 1973 bis 1980, in Bern einen Vortrag vor dem «Verein für die Errichtung eines schweizerischen Armeemuseums» hielt. Er schilderte darin den konsequenten Einsatz des ersten Kommandanten und Waffenchefs beim Aufbau der Flieger- und Fliegerabwehrtruppen und die Widerstände, die ihm dabei erwuchsen. «Es ist tragisch und aus heutiger Sicht völlig unverständlich, dass ausgerechnet dieser Mann auf Ende 1943 entlassen und im Generalsbericht (beziehungsweise seinem Anhang) von 1946 in übelster Weise verunglimpft worden ist. Es wäre unser Wunsch, Oberstdivisionär Hans Bandi, dessen Geburtstag sich am 19. Juli 1982 zum hundertsten Mal jährt, auch im Rahmen unserer Sonderschau ‹Neutralitätsschutz in der Luft› posthum Gerechtigkeit widerfahren zu lassen.»

Aber als meine vor Kurzem verstorbene Schwester Antoinette Maync-Bandi und ich zur gleichen Zeit beschlossen, den Flieger- und Fliegerabwehrtruppen ein vom Berner Maler A. Stumpf geschaffenes Porträt unseres Vaters zu schenken, gab der damalige Chef des Eidgenössischen Militärdepartements, der Waadtländer Bundesrat Georges-André Chevallaz, die Weisung: «pas de publicité». Auch sonst wandte er sich gegen jegliche Ansätze für eine Rehabilitierung des Verstorbenen. Offensichtlich ahnte er, dass der Fall Bandi, wenn er aufgerollt würde, einen Schatten auf General Henri Guisan werfen musste. Anlässlich einer kleinen Feier im Offizierskasino Dübendorf bei der Übergabe des Porträts nahm Korpskommandant Kurt Bolliger allerdings kein Blatt vor den Mund und skizzierte schonungslos die Vorgänge, die zur Entlassung von Oberstdivisionär Hans Bandi geführt hatten.

Die hundertste Wiederkehr des Geburtstages meines Vaters nahmen wir zum Anlass, um am 19. Juli 1982 in unserem Heimatort Oberwil bei Büren an der Aare, wo er bestattet ist, eine kleine Erinnerungsfeier durchzuführen. Oberstbrigadier Philippe Henchoz, welcher im Aktivdienst unter dem Verstorbenen gedient hatte, hielt eine Ansprache, in der auch er auf die Verdienste und die ungerechte Behandlung des Schöpfers unserer heutigen Flieger- und Fliegerabwehrtruppen hinwies.

Dies löste eine erste öffentliche Rehabilitierung aus, indem die Presse auf die Angelegenheit aufmerksam wurde. Besonders hervorgehoben sei ein ausführlicher Artikel in der «Sonntags Zeitung» (Sonntagsausgabe der Berner Zeitung) vom 13. Juli 1982 aus der Feder von Jörg Zoller. Dort findet sich unter anderem der Zwischentitel «Die noch nicht gerettete Ehre von Oberstdivisionär Hans Bandi: Der Sündenbock für alle andern». Einige Jahre später, 1986, erschien in der «Weltwoche» ein Bericht von Felix Müller, welcher den Titel trägt «Schatten über General Guisan: wie im Zweiten Weltkrieg der Chef der Schweizer Flugwaffe gestürzt wurde», der nichts an Deutlichkeit zu wünschen übrig lässt.

Auch die Historiker begannen nun, sich für den «Fall Bandi» zu interessieren. Diesen Titel trägt eine unter der Leitung von Professor Walther Hofer an der Universität Bern von Hermann Anthamatten verfasste, im April 1986 vorgelegte Lizenziatsarbeit. Wie der Autor einleitend festhält, war sein Ziel «weder eine Rehabilitation noch eine endgültige Verurteilung – auch wenn dies von gewissen Leuten erwartet werden konnte – sondern nur die Durchleuchtung zeitgeschichtlicher Ereignisse».[40] Aber wer die völlig sachlich durchgeführte, Person und Tätigkeit des Verstorbenen objektiv beurteilende Arbeit liest, wird leicht feststellen können, dass sie einer Rehabilitierung gleichkommt.

In einer äusserst gründlichen Untersuchung über «Die Schweizer Flieger- und Fliegerabwehrtruppen – Aufträge und Einsatz 1939–1945», die 1989 erschienen ist, befasst sich Werner Rutschmann unter anderem auch mit dem Konflikt zwischen General Guisan und meinem Vater. Zusammenfassend stellt er Folgendes fest: «Am 28. Dezember 1943 übertrug General Guisan das Kommando der Flieger- und Fliegerabwehrtruppen an Oberst im Generalstab Friedrich Rihner mit den Worten: ‹Vous le commandant de l'aviation et de la défense contre avions, appelé à voler au secours de nos forces terrestres sur toute l'étendue du territoire national.› Die Voraussetzungen, diesem Aufruf im gegebenen Falle Folge leisten zu können, hatte sein Vorgänger, Oberstdivisionär Hans Badi, geschaffen.»

Nun liegt die umfangreiche Guisan-Biographie von Willi Gautschi vor, in der auch der «Streitfall Bandi» eingehend behandelt wird. Dies gibt mir Anlass zu einem Rückblick aus der Sicht des Sohnes, der als Student und junger Milizoffizier der Fliegertruppe das Drama seines Vaters innerhalb und ausserhalb des Elternhauses aus nächster Nähe miterleben musste.

Wenn ich die Hauptakteure der Gegnerschaft meines Vaters Revue passieren lasse, fällt es mir schwer, mich an den alten Grundsatz «de mortuis nil nisi bene» zu halten:

---

[40] Anthamatten, H., Der Fall Bandi. Lizenziatsarbeit in Geschichte an der Universität Bern. (Manuskript), Bern und Brig 1986.

- General Henri Guisan, der es nun wirklich nicht nötig gehabt hätte, einen Kratzer in seinem Bild vorzuprogrammieren, der eines Tages von den Historikern entdeckt werden musste.
- Oberstleutnant Bernard Barbey, Chef des persönlichen Stabes oder, wie mein Vater zu sagen pflegte, der «Chorknaben» des Generals. In seinem durch Unfalltod tragisch beendeten Leben blieb ihm trotz hervorragender Intelligenz und brillanter Befähigung zu formulieren, sowohl als Milizoffizier wie als Diplomat, der letztlich angestrebte Erfolg versagt, nachdem die Protektion durch den General an Wirksamkeit verloren hatte.
- Oberstdivisionär Friedrich Rihner, der sich offenbar selbst schon früh als den einzig möglichen Chef der Flieger- und Fliegerabwehrtruppen betrachtete und sich willig für einen unverantwortbaren Bericht über seinen Vorgänger missbrauchen liess.
- Oberstdivisionär Etienne Primault, dessen Karriererechnung aufgrund seiner engen Beziehungen zu Barbey beziehungsweise dank dessen bisher wohl unterschätztem Einfluss auf General Guisan, zunächst aufzugehen schien, der aber dann 1964 im Rahmen der sogenannten «Mirageangelegenheit» einen sehr unrühmlichen Abgang hatte.

Auf jeden Fall bin ich Dr. Willi Gautschi sehr dankbar, dass er in seiner gewichtigen Guisan-Biographie den «Streitfall Bandi» ohne jeden Kontakt mit mir oder andern Mitgliedern der Familie Bandi eingehend und sachlich behandelt hat. Das Kapitel 38 aus seinem beachtlichen Werk ist im vorliegenden Buch anschliessend wiedergegeben. Möge es dazu beitragen, dass – wenn auch spät – die notwendigen Lehren aus dem «Fall Bandi» gezogen werden, um in Zukunft solche undurchsichtigen, von Intrigen gesteuerten Machtmissbräuche nach Möglichkeit zu verhindern.

Bern, im Dezember 1989   Hans-Georg Bandi

Der Streitfall Bandi

Von Willi Gautschi[41]

Der heftigste persönliche Streitfall, der durch den Generalsbericht ausgelöst wurde, war die öffentliche Auseinandersetzung von Divisionär Bandi, des 1943 verabschiedeten Kommandanten der Flieger- und Fliegerabwehrtruppen, mit dem Oberbefehlshaber. Der General beklagte in seiner Berichterstattung nicht nur den Umstand, dass es in der Schweiz in den Vorkriegsjahren keine «Luftraumpolitik» gegeben habe, sondern beanstandete insbesondere die Verhältnisse bei den Flieger- und Fliegerabwehrtruppen, deren Kommandant er für viele Fehler weitgehend persönlich verantwortlich machte und dabei in längeren Ausführungen wiederholt dessen Namen nannte. Es seien bei dieser Waffe, tadelte der General, nicht einfach nur Mängel festzustellen gewesen, sondern «es handelte sich um eine eigentliche Krise». Er habe deshalb die Zustände beim Kommando der Flieger- und Fliegerabwehrtruppen 1942 durch Korpskommandant Miescher, der kurz zuvor zurückgetreten war, besonders kontrollieren und sich darüber rapportieren lassen; dabei sei folgende Situation festgestellt worden: «Der Kommandant der Flieger- und Fliegerabwehrtruppen und sein Stabschef arbeiteten in einer Art Isolierung; sie schienen mehr die Nachkriegsordnung der Fliegertruppen und die dann nötigen Einrichtungen vorzubereiten als den uns täglich bedrohenden Krieg. Die Arbeit des Stabes war schlecht organisiert, da Kommandant und Stabschef es sich eifersüchtig vorbehielten, selbst die verschiedensten wichtigen oder unwichtigen Fragen zu behandeln. Diese Einstellung hatte einen ziemlich allgemeinen Mangel an Vertrauen zur Folge.»

---

[41] Gautschi, W., General Henri Guisan. Die schweizerische Armeeführung im Zweiten Weltkrieg. (Verlag Neue Zürcher Zeitung), Zürich 1989, Kapitel 38 mit Weglassung der Anmerkungen.

Zudem habe es weder eine Doktrin für die Art der Verwendung der Luftwaffe noch ein Reglement über deren Taktik gegeben, und «es fehlte am Verständnis und am Willen für die Zusammenarbeit mit den Bodenstreitkräften». Besonderes Aufsehen erregte, dass der General als Beleg für die öffentliche Blossstellung Bandis wörtlich einen Rapport wiedergab, den der neue Kommandant der Flieger- und Fliegerabwehrtruppen, Divisionär Fritz Rihner, auf Verlangen des Oberbefehlshabers vertraulich eingereicht und darin die festgestellten Fehler und Mängel aufgelistet hatte. Dieses Dokument, von dem der General sagt, er habe sich selber «überzeugt, dass es genau und fundiert» sei, enthält unter anderem folgende Vorwürfe: «Der Nachrichtendienst wurde unglaublich vernachlässigt»; die praktischen Erfahrungen der Luftkämpfe von 1940 seien «nicht ausgewertet» worden; mit dem Ausbau der Reduitflugplätze sei «erst ab Mitte 1942 und auf entsprechenden Druck des Oberbefehlshabers» begonnen worden, jedoch «nur zögernd und mit Widerwillen»; die Gefechtsausbildung der Flieger- und Fliegerabwehrtruppen «wurde stark vernachlässigt» und «selbst entsprechende Anordnungen des Generals wurden nur mit Widerwillen ausgeführt»; die Zusammenarbeit mit den Erdtruppen sei anfänglich überhaupt nicht gefördert und «ab 1942 erst trotz beschränktem Umfang betrieben» worden; als «ganz ungenügend» wurde die Funkausstattung bezeichnet, indem nur 43,5 % der Kriegsflugzeuge damit ausgerüstet waren, deren Leistung und Betriebssicherheit erst noch als «unbefriedigend» beurteilt wurden.

Die namentliche und scharfe Anprangerung eines entlassenen Heereseinheitskommandanten, dem vom General Pflichtvernachlässigung, Organisations- und Führungsmängel, ja sogar Ungehorsam vorgeworfen wurden, erschien ungewöhnlich. Prisi bezeichnete das Vorgehen als «eine bis anhin nie da gewesene Ungeheuerlichkeit», die einer «posthumen öffentlichen Hinrichtung» gleichkomme.

Weil in der Öffentlichkeit sich kaum jemand zugunsten des ehemaligen Kommandanten der Flieger- und Fliegerabwehrtruppen wehrte, der ein kantiger und wenig umgänglicher Vorgesetzter gewesen war, entschloss sich Hans Bandi zur persönlichen Gegenwehr. Im Frühjahr 1947 richtete er eine ausführliche Verteidigungsschrift an die Bundesversammlung und an den Bundesrat. Mit dieser Eingabe, die in Format, Druck und äusserer Aufmachung genau dem Bericht des Generals gleicht und einen Umfang von 36 Druckseiten aufweist, wandte er sich entschieden gegen die Vorwürfe Guisans, nicht nur, wie er sagt, um sich selber zu rechtfertigen, sondern auch um seinen «ehemaligen engsten Mitarbeitern, die ihre Aufgaben mit wenigen Ausnahmen musterhaft erfüllten, die gehörige Genugtuung zu verschaffen».

Bandi wies in seiner Stellungnahme, die auch der Presse übergeben wurde, die gegen ihn von seinem Nachfolger sowie vom General erhobenen Vorwürfe in harter Sprache scharf zurück. Bezüglich des Generalsberichts spricht er von der «Niederträchtigkeit als Kriterium der militärischen Geschichtsschreibung» und befleissigt sich, die im Bericht Rihners enthaltenen «Widersprüche zu brandmarken und einige der in seinen Bemerkungen aufgesteckten fremden Federn zu stutzen». Indem Bandi die Abschnitte seiner Klarstellungen mit der stereotypen Wendung: «Im Widerspruch zur Wahrheit behauptet Oberstdivisionär Rihner» einleitet, bezichtigt er seinen Nachfolger der mehrfachen Lüge; es sei «somit bewiesen, dass es sich bei dem von Oberstdivisionär Rihner angefertigten Dokument um ein aus Fehlurteilen und Entstellungen zusammengesetztes Elaborat handelt», deshalb werde man nur mit Erstaunen von General Guisan die Erklärung vernehmen, «dass es genau und fundiert ist».

Bandi versichert, er meine nicht, keine Fehler begangen zu haben oder dass die von ihm organisierte Flugwaffe vollkommen gewesen sei. Der Nachweis fiel ihm aber nicht schwer, dass der Aufbau der Fliegerabwehr, die «seit 1936 aus dem Nichts entstanden», sowie die Beschaffung von neuem Flugmaterial, was aus finanziellen Gründen stets schwierig war, seinen Verdiensten zugerechnet werden müsse.

«Hinsichtlich der fortwährenden Verzögerung bei der Anlieferung von Waffen, Munition und Ausrüstung jeder Art» wies Bandi auf das problematische Verhältnis mit Oberst Fierz hin, dem Direktor der Kriegstechnischen Abteilung (KTA), der «Er-

finder, Konstrukteur, Fabrikant, Kontrollstelle und Abnehmer»
in einer Person gewesen sei, erst noch taktischer Ratgeber der
Luftwaffe zu sein gewünscht und sich stets ‹das einzige richtige Urteil› angemasst habe».

Der blossgestellte Divisionär wehrte sich ferner gegen den
«nebelhaften Vorwurf der Isolierung», den Guisan gegen ihn
erhoben hatte, und bezeichnete dessen «schiefe Kritik» als
«so leer, als sie lakonisch ist»: Weil der General Weisungen
für die Flieger- und Fliegerabwehrtruppen herausgegeben habe, ohne zu deren Ausarbeitung ihn, den Kommandanten, beigezogen zu haben, sei er, Bandi, als «Fachberater ausge-
schaltet und oft zur Ausführung von Befehlen verhalten worden, die den Stempel mangelnder Sachkunde oder fehlender
Überlegungen trugen». Guisan habe zum Beispiel die «fliegerische Verwendung amerikanischer Bomber befohlen, was
damals aus aussenpolitischen Erwägungen gar nicht möglich
gewesen wäre».

Bandi wirft dem General zudem vor, in die personellen Belange seines Stabes eingegriffen und ohne sein Einverständnis
Änderungen angeordnet zu haben; so sei ihm beispielsweise
die Ernennung der Obersten Rihner und Magron, die ihm keineswegs genehm waren, zu seinen Stellvertretern befohlen
worden: «Der von General Guisan geschaffene Zustand ist
grundsätzlich geeignet, die Stellung jedes Kommandanten
nach oben und unten zu untergraben. Das ging so weit, dass
General Guisan nicht nur den Obersten Magron zu Besprechungen befahl, sondern diesen, wie mir gemeldet wurde,
auch angewiesen hatte, mir deren Gegenstand zu verschweigen. Was unter solchen Umständen von der von General Guisan mir vorgeworfenen Isolierung zu halten ist, bedarf keines
weiteren Kommentars.»

Wie sich aus den Angaben Barbeys ergibt, wurden Guisans
«Weisungen für den Einsatz der Fliegertruppe», die vom
12. Januar 1943 datiert sind, tatsächlich von Angehörigen des
persönlichen Stabes entworfen, worüber Barbey notierte: «Mit
van Berchem an den neuen Weisungen für die Flugwaffe gearbeitet. Was uns hilft, dem General die Unterlagen, die er von
uns verlangt, zu beschaffen, das ist die fast einstimmige Mei-

nungsäusserung, die wir bei den Fliegern aller Grade der Hierarchie eingeholt haben. Es wird zwei Texte geben: die eigentlichen Weisungen und einen Bericht über die Ausbildungsziele und -methoden.»

In ähnlicher Weise wurde auch der Entwurf von Weisungen für die Fliegerabwehr vorbereitet. Die Ausfertigung dieser Direktiven für Flieger- und Fliegerabwehr erfolgte gemäss Absprache mit Gonard, dem damaligen Chef der Operationssektion. Bandi, dem die Urheberschaft der Exposés unbekannt blieb, bemängelte dieses Vorgehen: «Dass Kritik geübt wird, ficht mich nicht an. Unbegreiflich ist es, dass General Guisan sich auf dem Gebiete der Luftwaffe völlig laienhaften Aussetzungen zugänglich zeigen konnte.»

Aus den Bemerkungen Bandis wird ersichtlich, dass er hinter der Haltung des Generals ihm gegenüber den Einfluss von Machenschaften vermutete, die von Angehörigen des persönlichen Stabes ausgingen, die ihrerseits mit unzufriedenen Untergebenen des Kommandanten der Flieger- und Fliegerabwehrtruppen in Verbindung standen. Über entsprechende Mutmassungen hat sich erst kürzlich ein junger Historiker aufschlussreich kritisch geäussert. Bandi schloss seine Eingabe mit der Klage, das ihm widerfahrene Unrecht verstosse «gegen Treue und Ehre»: «Ich habe daher einen unabdingbaren Anspruch darauf, dass mein guter Name zu meinen Lebzeiten wiederhergestellt werde, und zu dessen Verwirklichung ersuche ich die eidgenössischen Räte, im Vertrauen auf ihr unbestechliches Verantwortungsbewusstsein, den von Oberstdivisionär Rihner verfassten Auslassungen und den darauf beruhenden Folgerungen des Generals Guisan ihre Zustimmung zu versagen.» Bandi forderte damit die Bundesversammlung in aller Form auf, die gegen ihn gerichteten Teile des Generalsberichtes nicht zu genehmigen.

Die massive Reaktion Bandis, der sich vom Oberbefehlshaber ungerechtfertigterweise öffentlich angegriffen und angeprangert sah, ist unschwer nachvollziehbar. Die Vorwürfe des Generals standen im Gegensatz zur Tatsache, dass er noch Ende des Jahres 1941 bereit gewesen wäre, den Kommandanten der Flieger- und Fliegerabwehrtruppen wegen seiner Verdienste zum Oberstkorpskommandanten zu befördern. Die Anregung dazu war, wie im Protokoll der Armeekonferenz festgehalten ist, von Generalstabschef Huber ausgegangen: «Der General stellt fest, dass der vom Chef des Generalstabes vorgebrachte Vorschlag auf Beförderung von Oberstdivisionär Bandi zum Oberstkorpskommandant von drei Armeekorpskommandanten (Labhart, Lardelli, Borel) abgelehnt wird, bei einem Armeekorpskommandant (Wille) auf keine Opposition stösst, aber Präzedenzfälle auslöst, und von einem Armeekorpskommandant unterstützt wird.» Dieses knappe Ergebnis mag damals den General veranlasst haben, auf eine Beförderung Bandis zu verzichten. Jedenfalls hatte, wie Prisi erläutert, «die Nichtbeförderung ihren Grund bei der Mehrheit der Korpskommandanten nicht in der Anfechtbarkeit seiner militärischen Tüchtigkeit, sondern in Hinsicht darauf, dass die Stellung eines Waffenchefs und Kommandanten der Flieger- und Fliegerabwehrtruppen die Beförderung zum Oberstkorpskommandanten nicht absolut notwendig mache».

Beim Ausscheiden Bandis im Jahre 1943 hatte ihm alt Bundesrat Minger versichert: «Erhobenen Hauptes kannst Du von Deinem wichtigen Posten zurücktreten. Treu hast Du Dein Pfund verwaltet, und was Du aus unserer Flugwaffe gemacht hast, bedeutet in der Geschichte unserer Landesverteidigung ein Ruhmesblatt. Den Dank des Vaterlandes hast Du wohl verdient, ihn Dir offiziell abzustatten bin ich nicht mehr kompetent, aber umso wärmer ist meine persönliche Dankesbekundung.» Auch setzte sich Minger in deutlichen Gegensatz zu Guisan, indem er Bandi ausdrücklich seine Anerkennung aussprach und attestierte, dieser habe «grosse Arbeit geleistet und unter schwierigen Verhältnissen das Flugwesen auf einen erfreulichen Stand gebracht».

Bei der Behandlung der Berichte des Generals und des Bundesrates wurde in den Gesprächen der parlamentarischen Kommissionen auch die Eingabe Bandis miteinbezogen. Der Zürcher Emil Klöti erklärte in der Kommission des Ständerates, er halte die Angelegenheit Bandi «für recht tragisch»: «... Es ist so, dass dieser Mann mit grösstem Eifer gearbeitet hat. Ich habe ihn beobachten können. Seine ganze Tätigkeit war fast nichts als Kampf, damit er Flugzeuge bekam, Kampf, damit er Abwehrkanonen bekam, und ich muss sagen, dass man ihm da sehr viele Schwierigkeiten bereitet hat.» Klöti nahm zwar den General entschieden in Schutz, dass er den Mut gehabt habe, Fehler aufzudecken, denn das Heer, das dem Volk gehöre, dürfe in dieser Hinsicht nicht eine Geheimsphäre bilden, doch: «Eine Entgleisung ist freilich die Affäre Bandi.» Der Thurgauer Ständerat Erich Uhlmann äusserte sich bei dieser Gelegenheit noch schärfer: «Wir müssen im Klaren sein, dass der General einen sehr grossen Fehler gemacht hat, als er in seinem Bericht den Anhang zum Bericht des Oberstdivisionärs Rihner der Öffentlichkeit zur Verfügung stellte. Damit hat er der Armee einen schlechten Dienst erwiesen. Das war ein ‹faux pas›. [...] Was Bandi in seiner Schrift gemacht hat, war auch nicht richtig. Wenn der General einen Fehler gemacht hat, einverstanden, musste sich Bandi wehren. Aber wie Bandi sich gewehrt hat, das ist doch auch nicht richtig.» Bundesrat Kobelt, der feststellte, Rihner sei «ein verschworener Gegner Bandis und Bandi ein verschworener Gegner Rihners» gewesen, erklärte ebenfalls, er verstehe Bandi, wenn er sich verteidigt habe, «aber auch seine Verteidigungsschrift geht zu weit, nicht nur im Ton, sondern auch materiell zu weit». In der nationalrätlichen Kommission, wo Zweifel laut wurden, ob der Bericht des Generals in allen Teilen der sachlichen Feststellung historischer Wahrheit diene, erklärte Bircher, die Anklagen gegen Bandi hätten in ihm «den Soldaten und Menschen erschüttert».

Auf den Gegenangriff Bandis, dessen Eingabe dem General vom Militärdepartement zur Stellungnahme überwiesen wurde, antwortete Guisan: «Je n'ai pas un mot retrancher à mon report; j'aurais au contraire beaucoup à y ajouter!» Um in Anbetracht der gegenseitigen Vorwürfe und Anschuldigungen die tatsächlichen Verhältnisse möglichst objektiv abzuklären, erteilte der Vorsteher des Militärdepartements im Einverständnis mit dem Bundesrat dem Neuenburger Professor und Divisionär Claude DuPasquier den Auftrag zur Durchführung einer Administrativ-Untersuchung. In seinem erschöpfenden Bericht, der 55 Seiten umfasst, stellte DuPasquier fest, dass nur ein Teil der von Rihner erhobenen Vorwürfe, auf denen die Ausführungen des Generals basierten, sich als haltbar erwiesen habe:

«Es betrifft dies insbesondere die Ausbildung und Zusammenarbeit im Stab. Für eine andere Gruppe der im Bericht Rihner enthaltenen Punkte (insbesondere auf dem Gebiet der Materialbeschaffung) ist die Kritik nicht berechtigt. In anderen Punkten ist die Darstellung Rihners teilweise richtig, teilweise unrichtig. Es gibt auch Fragen, die in guten Treuen je nach Auffassung verschieden beantwortet werden können, und wo man ohne Weiteres geteilter Meinung sein kann. Der Bericht Rihner weist auch Beanstandungen auf, die materiell wohl richtig, aber an die falsche Adresse gerichtet sind.» Die sorgfältige Analyse führte DuPasquier zur Feststellung, dass der Rapport Rihners, der im Anhang des Generalsberichts publiziert wurde, insofern ungeschickt sei, als er den Eindruck einer Anklage erwecke, obschon er diese Bedeutung nicht hätte vermitteln wollen: «Es fehlte dem Bericht an Objektivität und Sachlichkeit.»

DuPasquier, der zur Beendigung des Konflikts einen Ausgleich anstrebte, gelangte zum Schluss, «dem Vorfall keine strafrechtliche und keine disziplinarische Folge» zu geben. Durch die Zustellung je eines Exemplars des Untersuchungsberichts an die beiden Involvierten sollte «Rihner Kenntnis von den von ihm begangenen Fehlern» und Bandi Kenntnis von deren berichtigenden Feststellungen der Enquête erhalten: «Diese Mitteilung wäre als persönlich zu betrachten und zu bezeichnen mit dem Hinweis darauf, dass kein Teil des Berichts zur Veröffentlichung oder Weitergabe an Dritte bestimmt ist. Dagegen würde ein Communiqué publiziert, das die Erledigung der Angelegenheit bekannt gibt ... .» In diesem Sinne fand denn auch der Fall Bandi, ohne dass Einzelheiten öffentlich bekannt geworden wären, den internen Abschluss.

Dem Bericht DuPasquiers sowie weiteren zerstreut liegenden Einzelangaben ist zu entnehmen, dass die Beziehungen zwischen Bandi und dem General schon im zweiten Jahre des Aktivdienstes sich unerfreulich zu entwickeln begonnen hatten. Im Zusammenhang mit den Abklärungen über die Verhältnisse bei den Flieger- und Fliegerabwehrtruppen, womit im Frühjahr 1942 Korpskommandant Miescher beauftragt worden war, kam gegen Ende des Jahres erstmals die Ablösung des Kommandanten dieser Waffe zur Sprache. Bandi erklärt, jene Enquête, deren Ergebnis er persönlich nie zu sehen bekommen habe, sei hinter seinem Rücken erfolgt, Miescher habe ohne sein Wissen «mit vielen Offizieren auch Unterredungen auf der Hintertreppe gehabt», ohne dass ihm jemals die Namen der Offiziere oder der Inhalt der Gespräche mitgeteilt worden wären, «um ihn bestätigen, berichtigen oder widerlegen zu können»; in dieser Untersuchung, die Bandi als «kränkendes Inquisitionsverfahren» bezeichnet, sei ihm das rechtliche Gehör verweigert worden. Die Abklärungen Mieschers erbrachten aber nicht das erwartete vernichtende Resultat. Barbey bemerkt dazu, der Bericht bilde ein «Zwischending zwischen Studie und Untersuchung» und könne damit «nicht das entscheidende Mittel» sein, das «die Eiterbeule zum Platzen bringen würde»; immerhin sei der Bericht «alles in allem ein wesentlicher Bestandteil, ohne den es unmöglich wäre, irgendetwas zu unternehmen, der aber doch noch keine Schwierigkeiten beseitigt».

Als am 21. Dezember 1942 der General beim Chef des Militärdepartements die Wünschbarkeit der Ersetzung Bandis zur Diskussion stellte, riet Bundesrat Kobelt von diesem Schritt aus verschiedenen Gründen entschieden ab. «Bandi est une croix que nous devons porter ensemble», bemerkte der Bundesrat zum General. Anlässlich einer Besprechung im Frühjahr 1943 in Interlaken bezeichnete der Oberbefehlshaber die Entlassung Bandis neuerdings als erwünscht, wobei er in Erwägung zog, durch eine Reorganisation an der Spitze der Flieger- und Fliegerabwehrtruppen den bisherigen Kommandanten als überflüssig beiseitezustellen. Der Vorsteher des Militärdepartements, der Einwände gegen dieses Vorgehen erhob, stenografierte darüber in sein Tagebuch: «12. März Besprechung mit General über Fall Bandi in Interlaken. Ich lehne die Reorganisation, wie sie vorgeschlagen wurde, ab; machte auf die Folgen aufmerksam, die eine Kommandoenthebung brächte. Bandi ist bis 1944 als Bundesbeamter gewählt und müsste zwei Jahre voll besoldet werden, auch wenn keine Verwendung für ihn vorhanden wäre. – Der General wollte auf Ende des Jahres Oberstdivisionär Bandi von seinem Kommando entheben. Ich empfahl dem General, den Wagen nicht zu überladen, nachdem Wille entlassen worden sei, und erinnerte an die Fälle Labhart, Miescher, Bircher. Ich empfahl dem General, das Kreuz noch weiter zu tragen. Er stimmte zu. [...] Im Schreiben vom 23. Februar und 3. März [1943] kommt der General wieder auf seine frühere Ansicht zurück und will durch Reorganisation Bandi von seinem Posten entfernen. Es ist immer gefährlich, Reorganisationen vorzunehmen, die bestimmten Personen angepasst und nicht der Sache gerecht werden.» Kobelt besprach sich in dieser Frage auch mit Korpskommandant Marcuard, der ihm beipflichtete, die vom General beabsichtigte Reorganisation abzulehnen: «Wenn B[andi] nicht genüge, soll er abberufen werden. Nun habe aber Bandi neben unangenehmen auch gute Eigenschaften und zweifellos auch grosse Verdienste.»

Der Chef des Militärdepartements äusserte dem General gegenüber den Wunsch, Bandi bis zum Jahresende 1943 auf seinem Posten zu belassen, sodass er dann im Zusammenhang mit den üblichen Mutationen abgelöst werden könnte: «Ich bemerkte, man könne ja Ende des Jahres die Frage prüfen, ob eine Mutation im Sinne einer Verjüngung vorgenommen werden könnte. – Solange scheint der General nicht warten zu wollen. Er sicherte zu, vorläufig bis Sommer zuzuwarten.» Wenige Tage nach dieser Unterredung machte der deutsche Gesandte anlässlich einer Einladung im Privatgespräch mit Bundesrat Kobelt die erstaunliche Andeutung, über die beabsichtigte Entlassung von Divisionär Bandi im Bilde zu sein: Köcher meinte, dass die deutsche Seite nicht verstehe, warum man «alle höheren Offiziere, die Sympathien für Deutschland hätten, beseitige»; dabei nannte er Labhart, Wille, Bircher und bereits auch Bandi: «Interessant ist, dass Minister Köcher über die Absichten des Generals, Bandi abzusetzen, orientiert zu sein schien. Beweis, wie berechtigt es war, dass ich den General seinerzeit auf diese Seite des Problems aufmerksam gemacht habe.»

Im Sommer 1943 liess General Guisan die Angelegenheit Bandi ruhen, traf jedoch im Herbst rechtzeitig Massnahmen, um den heiklen Schritt der Entlassung des Chefs der Flieger- und Fliegerabwehrtruppen auf Ende des Jahres vollziehen zu können.

Im Oktober setzte er das Militärdepartement schriftlich davon in Kenntnis, dass er entschlossen sei, Bandi abzulösen, worüber er auch, wie Barbey festhielt, den Generalstabschef informierte: «Der General hat den Generalstabschef kommen lassen und ihm den Brief gezeigt, den er dem EMD geschrieben hat, um die Ersetzung Bandis zu verlangen. Peinlich und heikel wegen der Freundschaftsbeziehungen, die Huber und Bandi verbinden. Huber, sagt mir der General, hat sich nicht ‹gesträubt› gegen diese Massnahme. Aber es lag ihm daran, die Anstrengungen zu unterstreichen, die seiner Auffassung nach Bandi unternommen hat, um die Weisungen des Generals zu befolgen.» Guisan orientierte zudem alt Bundesrat Minger zunächst mündlich, dann noch schriftlich unter Beilage verschiedener Akten über seinen Entschluss: «Le Col.-div. Bandi devrait comprendre qu'il est de son intérêt de saisir le prétexte de son état de santé pour se retirer honorablement. Merci de ta peine.» Minger übernahm offenbar die Aufgabe, seinerseits mit Bandi zu sprechen, um dessen gütliches Einverständnis zu erlangen.

Es nützte nichts, dass sich Bandi am 13. November 1943 in einem ausführlichen Schreiben an Bundesrat Kobelt gegen seine Absetzung zur Wehr zu setzen versuchte; die Würfel waren bereits gegen ihn gefallen. Nach einer medizinischen Untersuchung durch den Oberfeldarzt lautete die offizielle Begründung, die den Vorwand zur Verabschiedung bot, Bandis Gesundheitszustand sei wegen eines Nierensteins «gefährdet»: «Kolikschmerzen können auftreten und sind schon aufgetreten. Dabei ist B[andi] oft unverträglich und nimmt eine schroffe Art gegenüber seinen Untergebenen ein.» Im Generalsbericht ist von diesen gesundheitlichen Erwägungen nicht die Rede; dort wird vom Oberbefehlshaber betont, er habe beim Bundesrat die Ersetzung Bandis verlangt, weil die Massnahmen, die er angeordnet hatte, «nicht in allen Punkten» seinen Erwartungen entsprachen. Auf den 31. Dezember 1943 wurde Bandi abgelöst und durch den Rivalen Rihner ersetzt. Im Zusammenhang mit dem Streitfall nach dem Kriege bestätigte Guisan seinem Freunde Minger, «dass Bandi aus Gesundheits- und aus Charaktergründen ersetzt» worden sei.

Der Bericht, den General Guisan vom neuen Kommandanten Rihner über den Zustand der Flieger- und Fliegerabwehrtruppen bei Amtsantritt am 1. Januar 1944 verlangte, wurde wahrscheinlich von dessen Stabschef, Major Primault, redigiert. Warum und auf welche Weise dieser «persönlich und geheim» bezeichnete Rapport, der die Verhältnisse zum Nachteil des Vorgängers in krasser Schwarzweissmanier schilderte und besonders böses Blut schuf, in die Berichterstattung über den Aktivdienst aufgenommen wurde, blieb umstritten. Weil Rihner deswegen nicht nur von den beiden Korpskommandanten Borel und Frick, sondern ebenso von Bundespräsident Kobelt zur Rede gestellt und schliesslich auch in der Presse angegriffen wurde, wandte sich der Verfasser an den General, um ihn zu bitten, in einer öffentlichen Erklärung die Dinge klarzustellen: «Cette déclaration», schrieb Rihner dem General, «pourrait préciser que mon rapport du début de 1944 a été établi sur votre ordre, qu'il devait énumérer les défiences dans l'organisation, l'équipement et l'instruction des Troupes Av[iations] et DCA [Défense Contre Avions] dont je devais en quelque sorte l'inventaire en confirmation des constatations que vous aviez pu faire vous-même, et enfin, que la publication de ce rapport après la période de service actif a été décidé par vous personnellement.» Der General, der ablehnte, selber in Erscheinung zu treten, schrieb als Anmerkung auf den Brief: «Intervenir avec mon approbation. – Si je me suis étendu dans mon rapport sur l'Avi[ation], c'est que j'ai dû intervenir personnellement et que de ce fait j'ai pris aussi les responsabilités.»

Rihner, der feststellen musste, dass die Veröffentlichung seines Berichtes, wie er schrieb, sowohl der Fliegertruppe als auch ihm selber «nur geschadet» habe, legte Wert darauf, dem Vorsteher des Militärdepartements zu versichern, dass die Entstehung des Rapports und dessen Publikation auf den persönlichen Wunsch des Generals zurückzuführen sei: «Nach meiner Kommandoübernahme in den ersten Tagen des Januars 1944 hat mich der Oberbefehlshaber über verschiedene Zustände bei den Flieger- und Fliegerabwehrtruppen orientiert. Er ersuchte mich, ein ‹Exposé-Inventaire› abzufassen, in welchem ich sämtliche von mir festgestellten Mängel in der Organisation, im Einsatz sowie bezüglich Material der Flieger- und

Fliegerabwehrtruppen niederzulegen hätte, um sozusagen die Ausgangssituation für ihn, den Oberbefehlshaber, wie auch für mich selbst festzulegen. – Ich habe diesen Bericht als persönliches Geheimdokument dem Herrn General übermittelt. Es lag mir damals wie auch heute noch fern, meinen Vorgänger persönlich anzugreifen oder ihm irgendwie zu schaden. Ich wusste ganz genau, dass verschiedene von mir festgestellte Mängel auch von meinem Vorgänger als solche empfunden wurden, dass es aber oft nicht von ihm selber abhing, diese Mängel beheben zu können, [...] Auf alle Fälle habe ich Herrn General verschiedentlich darauf aufmerksam gemacht, dass meines Erachtens mein erwähnter, rein sachlicher Bericht vom 26. Mai 1944, weil geheimer Natur, nicht publiziert werden sollte. Dass der Herr General anders entschieden hat, habe ich persönlich sehr bedauert.»

Dieser Sachverhalt wurde durch die Ergebnisse des Untersuchungsberichts DuPasquiers bestätigt, der ausführt, es sei der General gewesen, der auf seinem Entschluss beharrte, trotz der Einwände Rihners dessen Rapport vollinhaltlich in die Berichterstattung über den Aktivdienst aufzunehmen; der General habe erklärt, er übernehme «die Verantwortung für die Publikation, während der Inhalt Sache des Autors» bleibe. Beim Hearing vor der Kommission des Nationalrates wurde der General von Nationalrat Odermatt gefragt, was ihn veranlasst habe, den Bericht des Kommandanten der Flieger- und Fliegerabwehrtruppen zu publizieren, obwohl Divisionär Rihner den Bericht als «vertraulich» abgeliefert und selber die Veröffentlichung als nicht opportun bezeichnet hatte. Guisan antwortete, er habe Wert darauf gelegt, alle Rapporte vollinhaltlich zu veröffentlichen, «sans y rien supprimer». Der zusätzlichen Frage von Nationalrat Oprecht, ob es stimme, dass Divisionär Rihner empfohlen habe, seinen Rapport nicht zu veröffentlichen «und erst nach der Weigerung des Generals, seiner Empfehlung nachzukommen, sich dazu entschloss, dem General den Entscheid zu überlassen», wich Guisan aus, indem er entgegnete, er sei «nicht in der Lage, ohne Aktenkonsultation diese Frage zu beantworten», doch werde er dies «sobald als möglich nachholen».

In seiner schriftlichen Antwort an Nationalrat Alfred Müller, den Präsidenten der Kommission, stellte der General einen entsprechenden Meinungsaustausch, der zwischen Primault, Stabschef der Flieger- und Fliegerabwehrtruppen, und Barbey stattgefunden habe, nicht in Abrede; er wies auch auf ein Telefongespräch hin, wobei Hauptmann Marguth, der Chef seines Sekretariats, von Hauptmann Zingg, administrativer Adjunkt der Flieger- und Fliegerabwehrtruppen, auf die erwähnten Bedenken aufmerksam gemacht worden sei.

Nach den Ausführungen des Generals kamen diese Mitteilungen jedoch zu spät, da in diesem Zeitpunkt sein Bericht bereits gedruckt gewesen sei. Die Zuverlässigkeit dieser Antwort, die an der nächsten Sitzung der Nationalratskommission vorlag, wurde vom anwesenden Vorsteher des Militärdepartements in Zweifel gezogen. Gemäss Protokoll führte Bundesrat Kobelt aus: «Die Auskunft des Generals vom 3. März 1947 an den Vorsitzenden dieser Kommission über die Drucklegung trifft nicht zu. Als der Meinungsaustausch zwischen Oberstleutnant Barbey und Oberstleutnant Primault stattfand, das heisst im Februar 1946, war der Bericht des Generals noch lange nicht gedruckt. Es lagen erst Probeabzüge vor. Mit der Drucklegung wurde erst im Mai begonnen. Die Behauptung des Generals, dass die warnende Mitteilung seitens des administrativen Adjunkten der Flieger- und Fliegerabwehrtruppen Ende März zu spät kam, weil sein Bericht schon gedruckt war, muss angezweifelt werden.» Die Angelegenheit blieb problematisch, doch liess die Kommission die Sache auf sich beruhen.

Von derartigen Unstimmigkeiten erfuhr die Öffentlichkeit begreiflicherweise nichts, ebenso wenig wie vom Inhalt der Schreiben, die verschiedene Heereseinheitskommandanten zum Fall Bandi an den Vorsteher des Militärdepartements richteten, indem sie ihrer Besorgnis über die Auswirkungen des öffentlichen Streites des Generals mit dem ehemaligen Kommandanten der Flieger- und Fliegerabwehrtruppen Ausdruck gaben. Einzelne Korpskommandanten, einstige direkte Untergebene des Oberbefehlshabers, zögerten nicht, dem General in dieser Sache nichts weniger als unsoldatisches Verhalten vorzuwerfen.

So schrieb Hans Frick, der Ausbildungschef der Armee an Bundesrat Kobelt: «Es ist an sich schon ein mit militärischen Begriffen und mit Ritterlichkeit, wie sie jedem Offizier ansteht, kaum vereinbares Verfahren, vom Kommandonachfolger, gewissermassen eine Kritik des Vorgängers schriftlich einzuverlangen und erst recht, diese zu veröffentlichen. Man mag den Bericht des Generals mit noch so viel Nachsicht und Rücksicht für seine Verdienste betrachten: dieses Vorgehen ist unentschuldbar.»

Korpskommandant Labhart hielt in ebensolcher Schärfe fest: «Das eingeschlagene Verfahren, den Kommandonachfolger als Kläger antreten zu lassen, ist unsoldatisch. Oberstdivisionär Bandi hat eine solche Behandlung nicht verdient.» Auch Korpskommandant Constam fand, der vertraulich erstattete Rapport Rihners hätte keinesfalls veröffentlicht werden dürfen; ein Kommandant sei zwar verpflichtet, einen Unterführer zu entfernen, wenn er ihm nicht am richtigen Platz zu stehen scheine: «Er darf ihn aber nachträglich nicht noch an den Pranger stellen, es sei denn, es liegen Beweise dafür vor, dass er pflichtvergessen gehandelt hat und deshalb mindestens disziplinarisch bestraft wurde. Auch in diesem Falle gilt es zu überlegen, ob damit der Armee ein Dienst erwiesen wird»; meist treffe dies, wie der vorliegende Fall beweise, nicht zu. Korpskommandant Borel und die Divisionäre Marius Corbat und Richard Frey äusserten sich in ähnlich kritischer Weise.

Als weitgehend Eingeweihter hat sich in dieser Angelegenheit Generalstabschef Huber wohl am schärfsten gegen den Oberbefehlshaber gewandt. Soweit er sich ohne Akten auf seine Erinnerung verlassen dürfe, schrieb er an Bundesrat Kobelt, scheine ihm die Eingabe Bandis «den Tatsachen zu entsprechen»; denn dessen Fall sei «eines der düstersten Kapitel des Aktivdienstes 1939–1945»: Während jeder andere Wehrmann ein Beschwerderecht besitze, seien «die nach dem General höchsten Offiziere rechtlos einem Diktator ausgeliefert gewesen». Aus dieser Situation heraus sei der öffentliche Zwist zu erklären: «Der rechtlose Oberstdivisionär Bandi wurde schliesslich so weit getrieben, dass er sich vergass und gegen den General grob wurde.»

Der Streitfall Bandi erhellt, dass General Guisan nicht vollkommen frei von Ranküne war. Indem er den Rapport Rihners gegen den Willen des Verfassers publizierte, scheint ihm eine gewisse nachtragende Empfindlichkeit diesen fragwürdigen Streich gespielt zu haben. Generalstabschef Huber, der einen Ausdruck Prisis aufnahm, wertete den bedauerlichen Sachverhalt mit den Worten: «Durch die posthume öffentliche Hinrichtung hat sich die verletzte Eitelkeit in wenig vornehmer Weise gerächt.»

Wichtige Akteure

Bandi, Hans (*1882 †1955), Oberstdivisionär, Kommandant und Waffenchef der Flieger- und Fliegerabwehrtruppen vom November 1936 bis 1943.

Barbey, Bernard (*1900 †1970), Literat, Generalstabsoffizier, als Milizoffizier Chef des persönlichen Stabs von General Henri Guisan während des Aktivdienstes von 1940 bis 1945.

Burkhard, Walter (*1895 †1982), Militärpilot (Brevet 1918) Oberstbrigadier, von 1933 bis 1960 Direktor der Militärflugplätze, von 1946 bis 1958 Kommandant der Flugplätze.

DuPasquier, Claude (*1886 †1953), Prof. Dr. iur., Oberstdivisionär, 1941 bis 1946 Kommandant der 2. Division.

Fierz, Robert (*1883 †1940), Oberst, von 1927 bis 1940 Chef der kriegstechnischen Abteilung.

Guisan, Henri (*1874 †1960), General, vom 30. August 1939 bis 20. August 1945 Oberbefehlshaber der Schweizer Armee.

Huber, Jakob (*1883 †1953), Oberstkorpskommandant, Generalstabschef vom März 1940 bis 1945.

Huber, Max,(*1874 †1960) Prof. Dr. iur., Schweizer Jurist, Politiker und Diplomat.

Kobelt, Karl (*1874 †1960), von 1941 bis 1954 Bundesrat und Vorsteher des Eidgenössischen Militärdepartements.

Labhart, Jakob (*1881 †1945), Oberstkorpskommandant, Generalstabschef von 1936 bis Januar 1940, danach Kommandant des 4. Armeekorps bis 1947.

Meyer, Rudolf (*1899 †1971), Militärpilot (Brevet 1922), Oberstbrigadier, von 1951 bis 1962 Kommandant der Armeefliegerabwehr, während des Aktivdienstes Stabschef von Oberstdivisionär Hans Bandi.

Miescher, Rudolf (*1880 †1949), Oberstkorpskommandant, Kommandant des 3. Armeekorps von 1934 bis 1941.

Minger, Rudolf (*1881 †1955), von 1929 bis 1940 Bundesrat und Vorsteher der Eidgenössischen Militärdepartements.

Primault, Edgar (*1893 †1971), Militärpilot (Brevet 1918), von 1922 bis 1928 Instruktionsoffizier der Fliegertruppe, von 1938 bis 1944 Kommandant Fliegerregiment 1, von 1945 bis 1947 Kommandant Flugwaffe.

Primault, Etienne (*1904 †1984), Militärpilot (Brevet 1925), Kommandant und Waffenchef der Flieger- und Fliegerabwehrtruppen von 1953 bis 1964.

Prisi, Fritz (*1875 †1955), Oberstkorpskommandant, Kommandant des 2. Armeekorps von 1936 bis 1943.

Rihner, Friedrich (*1890 †1972), Militärpilot (Brevet 1917), Oberstdivisionär, Kommandant und Waffenchef der Flieger- und Fliegerabwehrtruppen von 1943 bis 1952.

Roost, Heinrich (*1872 †1936), Oberstkorpskommandant, Generalstabschef und Chef der Generalstabsabteilung von Januar 1928 bis Juni 1936.

Die Autoren

Hans-Georg Bandi, (*1920), Dr. phil, 1956 bis 1985 ordentlicher Professor für Urgeschichte und Paläoethnografie an der Universität Bern, 1993 Dr. h.c. der Universität Neuenburg.

Walter Dürig, (*1927), Korpskommandant im Ruhestand, 1987 bis 1989 Kommandant der Flieger- und Fliegerabwehrtruppen.

Willi Gautschi, (*1920 †2004), 1962 bis 1985 Gymnasiallehrer an der Kantonsschule Baden. 1970 bis 1985 Lehrbeauftragter für Geschichte an der Universität Zürich.

Literaturhinweise

Anthamatten, H., Der Fall Bandi. Lizenziatsarbeit in Geschichte an der Universität Bern. (Manuskript), Bern und Brig 1986.

Bandi, Hans, Eingabe zum Bericht von General Henri Guisan und zum Bericht des Kommandanten der Flieger- und Fliegerabwehrtruppen. (Selbstverlag), Bern 1947.

Barbey, Bernard, Fünf Jahre auf dem Kommandoposten des Generals. Tagebuch des Chefs des persönlichen Stabes General Guisans 1940–1945. (Verlag Herbert Lang & Cie), Bern 1948.

Bericht des Kommandanten der Flieger- und Fliegerabwehrtruppen an den Oberbefehlshaber der Armee über den Aktivdienst 1939–1945. (Buchdruckerei Rösch, Vogt & Co.), Bern, undatiert.

Bericht des Bundesrates an die Bundesversammlung zum Bericht des Generals über den Aktivdienst 1939–1945. Bern 1947.

Bolliger, Kurt, Vortragsmanuskript zum Thema «70 Jahre Konzeption zum Neutralitätsschutz im schweizerischen Luftraum (1914–1984)», gehalten anlässlich der Jahresversammlung des Vereins für die Errichtung eines Schweizerischen Armeemuseums in Bern am 18. Juni 1982.

Bonjour, E., Geschichte der schweizerischen Neutralität. (Verlag Helbling & Lichtenhahn), Bände IV u. V, Basel 1970.

Born, Hans, Die geschichtliche Entwicklung der Flab. (Verlag Avia-Flab/Huber & Co. AG), 2. Auflage, Frauenfeld 1969.

Brotschi, Peter, Gebrochene Flügel, Alle Flugunfälle der Schweizer Luftwaffe, Orell Füssli Verlag AG, 3. Auflage 2006.

Gautschi, Willi, General Henri Guisan. Die schweizerische Armeeführung im Zweiten Weltkrieg. (Verlag Neue Zürcher Zeitung), Zürich 1989.

Giger, Hans, Die materielle Entwicklung aus der Sicht der Unterhaltsorganisation. (Flieger Flab Museum), Dübendorf 2014.

Guisan, Henri, Bericht an die Bundesversammlung über den Aktivdienst 1939–1945 (mit Beilagen I und II). Lausanne 1946.

Rapold, Hans, Der Schweizerische Generalstab, Volume V. (Helbling und Lichtenhahn Verlag AG), Basel 1988.

Ries, K., Deutsche Luftwaffe über der Schweiz 1939–1945. (Verlag Dieter Hofmann), Mainz 1978.

Rutschmann, Werner, Die Schweizer Flieger- und Fliegerabwehrtruppen. Aufträge und Einsatz 1939–1945. (Ott Verlag), Thun 1989.

Senn, Hans, Der Schweizerische Generalstab, Volume VII. (Helbling und Lichtenhahn Verlag AG), Basel 1995.

Urech, Jakob, Die Flugzeuge der schweizerischen Fliegertruppe seit 1914. (Verlag Th. Gut & Co.), Stäfa 1975.

Wetter, Ernst, Duell der Flieger und der Diplomaten. Die Fliegerzwischenfälle Deutschland-Schweiz im Mai/Juni 1940 und ihre diplomatischen Folgen. (Verlag Huber & Co. AG), Frauenfeld 1987.

Wyler, Ernst, Chronik der Schweizer Militäraviatik, (Verlag Huber & Co. AG), Frauenfeld 1990.

25 Jahre Schweizerische Luftwaffe 1914/1939. Bern 1939.

50 Jahre Schweizer Flugwaffe. Bern 1964